Introdução ao Livro dos Salmos

Introdução ao Livro dos Salmos

Poesia, Orações, Escritura

sob a supervisão de
Rena MacLeod

Essenciais Teológicos

DTL

Library of Congress Cataloging-in-Publication Data Dados de Catalogação
na Publicação da Biblioteca do Congresso del Congreso

Rena MacLeod (criador).
[Introduction to the Book of Psalms: Poetry, Prayers, Scripture / Rena
MacLeod]
Introdução ao Livro dos Salmos: Poesia, Orações, Escritura / Rena
MacLeod
116 + xi pp. cm. 12.7 x 20.32
ISBN 979-8-89731-952-7 (imprimir livro)
ISBN 979-8-89731-198-9 (livro eletrônico)
ISBN 979-8-89731-244-3 (Kindle)
      1. Bíblia. Salmos—Introduções.
      2. Bíblia. Salmos—Crítica, interpretação etc.
BS1430.3 .M3318 2025

*Esta obra de Acesso Aberto está disponível em diversos idiomas em
www.DTLPress.org*

Imagem da capa: "Hosana!" de *Dalziels' Bible Gallery* (1863) (Met Open
Access Images)

Sumário

Prefácio da série

A Inteligência Artificial (IA) está mudando tudo, incluindo a bolsa de estudos e a educação teológica. Esta série, *Livros Essenciais Teológicos* (Theological Essentials), foi criada para trazer o potencial criativo da IA para o campo da educação teológica. No modelo tradicional, um acadêmico com domínio do discurso acadêmico e um histórico de ensino bem-sucedido em sala de aula gastaria vários meses — ou até mesmo vários anos — escrevendo, revisando e reescrevendo um texto introdutório que seria então transferido para uma editora que também investia meses ou anos em processos de produção. Embora o produto final fosse tipicamente bastante previsível, esse processo lento e caro fez com que os preços dos livros didáticos disparassem. Como resultado, os alunos em países desenvolvidos pagaram mais do que deveriam pelos livros e os alunos em países em desenvolvimento normalmente não tinham acesso a esses livros didáticos (de custo proibitivo) até que eles aparecessem como descartes e doações décadas depois. Em gerações anteriores, a necessidade de garantia de qualidade — na forma de geração de conteúdo, revisão especializada, edição de texto e tempo de impressão — pode ter tornado essa abordagem lenta, cara e excludente inevitável. No entanto, a IA está mudando tudo.

Esta série é muito diferente; é criado por IA. A capa de cada volume identifica o trabalho como "criado sob a supervisão de" um especialista na área. No entanto, essa pessoa não é um autor no sentido tradicional. O criador de cada volume foi treinado pela equipe da DTL no uso de IA e o criador usou IA para criar, editar, revisar e recriar o texto que você vê. Com esse processo de criação claramente identificado, deixe-me explicar os objetivos desta série.

Nossos objetivos:

Credibilidade: Embora a IA tenha feito — e continue a fazer — grandes avanços nos últimos anos, nenhuma IA não supervisionada pode criar um texto de nível universitário ou de seminário verdadeiramente confiável ou totalmente confiável. As limitações do conteúdo gerado por IA às vezes se originam das limitações do próprio conteúdo (o conjunto de treinamento pode ser inadequado), mas, mais frequentemente, a insatisfação do usuário com o conteúdo gerado por IA surge de erros humanos associados à engenharia de prompts ruim. A DTL Press procurou superar esses dois problemas contratando acadêmicos estabelecidos com experiência amplamente reconhecida para criar livros em suas áreas de especialização e treinando esses acadêmicos e especialistas em engenharia de prompts de IA. Para ser claro, o acadêmico cujo nome aparece na capa desta obra criou este volume — gerando, lendo, regenerando, relendo e revisando a obra. Embora a obra tenha sido gerada (em vários graus) por IA, os nomes de nossos criadores acadêmicos aparecem na capa como uma garantia de que o conteúdo é igualmente confiável com qualquer trabalho introdutório que esse acadêmico/criador escreveria usando o modelo tradicional.

Estabilidade: A inteligência artificial é generativa, o que significa que a resposta a cada solicitação é gerada de forma única para aquele pedido específico. Nenhuma resposta gerada por IA é exatamente igual à outra. A variabilidade inevitável das respostas da IA representa um desafio pedagógico significativo para professores e estudantes que desejam iniciar suas discussões e análises com base em um conjunto comum de ideias. As instituições educacionais precisam de textos estáveis para evitar o caos pedagógico. Estes livros fornecem esse texto estável a partir do qual é possível ensinar, discutir e desenvolver ideias.

Acessibilidade: A DTL Press está comprometida com a ideia de que a acessibilidade não deve ser uma barreira ao conhecimento. Todas as pessoas são igualmente merecedoras do direito de saber e entender. Portanto, versões em e-book de todos os livros da DTL Press estão disponíveis nas bibliotecas da DTL sem custo e disponíveis como livros impressos por uma taxa nominal. Nossos acadêmicos/criadores devem ser agradecidos por sua disposição de abrir mão dos acordos tradicionais de royalties. (Nossos criadores são compensados por seu trabalho generativo, mas não recebem royalties no sentido tradicional.)

Acessibilidade: A DTL Press gostaria de disponibilizar livros didáticos introdutórios de alta qualidade e baixo custo para todos, em qualquer lugar do mundo. Os livros desta série são imediatamente disponibilizados em vários idiomas. A DTL Press criará traduções em outros idiomas mediante solicitação. As traduções são, é claro, geradas por IA.

Nossas limitações reconhecidas:
Alguns leitores estão, sem dúvida, pensando, "mas a IA só pode produzir bolsa de estudos derivada; a IA não pode criar bolsa de estudos original e inovadora." Essa crítica é, é claro, em grande parte precisa. A IA é amplamente limitada a agregar, organizar e reembalar ideias pré-existentes (embora às vezes de maneiras que podem ser usadas para acelerar e refinar a produção de bolsa de estudos original). Ainda reconhecendo essa limitação inerente da IA, a DTL Press ofereceria dois comentários: (1) Textos introdutórios raramente são pensados para serem verdadeiramente inovadores em sua originalidade e (2) a DTL Press tem outras séries dedicadas à publicação de estudos originais com autoria tradicional.

Nosso convite:
A DTL Press gostaria de reformular fundamentalmente a publicação acadêmica no mundo teológico para tornar a bolsa de estudos mais acessível e mais acessível de duas maneiras. Primeiro, gostaríamos de gerar textos introdutórios em todas as áreas do discurso teológico, para que ninguém seja forçado a "comprar um livro

didático" em qualquer idioma. Nossa visão é que professores em qualquer lugar possam usar um livro, dois livros ou um conjunto inteiro de livros desta série como livros didáticos introdutórios para suas aulas. Segundo, também gostaríamos de publicar monografias acadêmicas de autoria tradicional para distribuição de acesso aberto (gratuita) para um público acadêmico avançado.

Finalmente, a DTL Press não é confessional e publicará obras em qualquer área de estudos religiosos. Livros de autoria tradicional são revisados por pares; a criação de livros introdutórios gerados por IA está aberta a qualquer pessoa com a experiência necessária para supervisionar a geração de conteúdo nessa área do discurso. Se você compartilha o compromisso da DTL Press com credibilidade, acessibilidade e preço acessível, entre em contato conosco sobre mudar o mundo da publicação teológica contribuindo para esta série ou uma série de autoria mais tradicional.

Com grandes expectativas

Thomas E. Phillips

Diretor Executivo da DTL Press

Capítulo 1
O que é o Livro dos Salmos?

O Livro dos Salmos é um dos livros mais lidos e amados da Bíblia. Durante séculos, moldou o culto judaico e cristão, influenciou a música e a literatura e deu voz à devoção pessoal, ao lamento e ao louvor. No entanto, o livro também é uma antologia antiga, uma coleção cuidadosamente organizada de 150 poemas hebraicos cujas origens remontam ao primeiro milênio a.C. Abrir suas páginas é encontrar um mundo de reis e templos, inimigos e libertação, mas também uma amplitude de emoções que continua a ressoar por meio de expressões de tristeza, alegria, raiva, desespero, confiança e esperança.

Para os estudiosos da Bíblia, os Salmos incorporam uma complexidade de contrastes que convida a um estudo cuidadoso. São intensamente pessoais e profundamente comunitários, escritos na voz de indivíduos, mas preservados como um livro para todo o povo de Israel. Parecem atemporais, mas revelam camadas de composição e edição que refletem as circunstâncias mutáveis do antigo Israel, da monarquia ao exílio e à restauração. Sua linguagem é poética, mas é poesia inserida na vida religiosa e política. Os Salmos, portanto, não são apenas "cânticos da alma", como são frequentemente chamados, mas também documentos de história, literatura e teologia.

Este livro apresenta os Salmos nesse espírito: não como um manual de devoção ou uma coleção de ditos atemporais, mas como um artefato rico e complexo da religião israelita, da arte literária e da influência cultural. Nossa preocupação é com os Salmos conforme são abordados na erudição bíblica moderna, com atenção às suas origens, formas, temas teológicos e história de recepção. Consideraremos como o livro tomou forma, exploraremos seus gêneros poéticos e traçaremos como ele tem sido interpretado e usado, desde a sinagoga e a igreja até as salas de concerto e os movimentos políticos. Ao fazê-lo, buscaremos mostrar por que esses poemas permanecem tão duradouramente poderosos.

Os Salmos como Poesia, Oração e Escritura

Os Salmos são, antes de tudo, poesia. Seu poder não reside na argumentação ou na narrativa, mas no ritmo, na imagem e na repetição. Como Adele Berlin e Robert Alter enfatizaram, a poesia bíblica é distinta: ela é marcada não por métrica ou rima fixas, como em tradições muito posteriores, mas pelo paralelismo (o equilíbrio de versos que ecoam), contrastam ou se intensificam mutuamente. Considere, por exemplo, o versículo inicial do Salmo 19:

"Os céus estão contando a glória de Deus,
e o firmamento proclama a obra de suas mãos."

2

Aqui, o segundo verso reafirma o primeiro com variação, uma característica marcante da poesia hebraica. Essa estrutura torna os Salmos memoráveis, musicais e emocionalmente ressonantes. Imagens extraídas da natureza, do ritual e da experiência humana aprofundam esse efeito. Deus é representado nos salmos como pastor, fortaleza, rocha, rei e juiz. Essa arte poética ajuda a explicar seu apelo duradouro, mesmo em diferentes línguas e culturas.

No entanto, esses poemas não são meramente exercícios literários. São orações. O título hebraico do livro, *Tehillim* ("louvores"), aponta para sua função na adoração de Israel. Muitos salmos eram originalmente cantados com acompanhamento musical, e o termo grego *psalmoi* reflete isso: canções para serem cantadas ao dedilhar de cordas. Na Septuaginta, a antiga tradução grega da Bíblia Hebraica, *Psalmoi* tornou-se o título de toda a coleção, enfatizando seu caráter como um livro de canções. Desse uso surgiu o latim *Psalmi* e, eventualmente, os Salmos em inglês. Intimamente relacionada está a palavra grega *psaltērion,* o nome de um instrumento de cordas dedilhadas, que através do latim *psalterium* deu origem ao termo inglês Psalter para a coleção. Os próprios nomes pelos quais o livro é conhecido, portanto, preservam suas origens musicais e litúrgicas.

Como orações, os Salmos expressam um espectro de respostas humanas a Deus. Alguns são hinos de alegria irrestrita ("Tudo o que respira louve ao Senhor", Sl 150:6). Outros são gritos de desespero ("Meu Deus, meu Deus, por que me abandonaste?" Sl 22:1). Outros ainda combinam lamento com confiança, como no Salmo 13:

"Até quando, Senhor? Esquecerás de mim para sempre?
… Mas eu confiei no teu amor leal;
meu coração se alegrará na tua salvação."

Essa oscilação entre reclamação e confiança ilustra o que Claus Westermann chamou de "movimento do lamento ao louvor". Revela também o paradoxo da oração: a liberdade de protestar sem romper o relacionamento. Dessa forma, os Salmos modelam tanto a honestidade quanto a confiança.

Com o tempo, essas orações se tornaram escrituras. Canções individuais executadas no templo ou pelos músicos do rei foram coletadas, arranjadas e, por fim, canonizadas. Hoje, o Livro dos Salmos é lido não apenas como poesia antiga, mas também como texto sagrado, moldando o culto, a devoção e a reflexão ao longo dos séculos. Monges recitavam o livro inteiro semanalmente; reformadores traduziam e cantavam salmos na língua vernácula; inúmeros livros de orações, hinários e cenários de culto modernos se inspiram diretamente em suas palavras.

Os Salmos nas Bíblias Judaica e Cristã

Os Salmos ocupam um lugar distinto dentro do cânone bíblico. Na tradição judaica, eles abrem a terceira divisão principal da Bíblia, os Escritos (*Ketuvim*), e desde um estágio inicial foram centrais para o culto. Acredita-se que muitos tenham se originado na vida do templo, executados por coros, acompanhados por instrumentos e conectados a festivais ou cerimônias reais. Após a destruição do Segundo Templo em 70 d.C., eles parecem ter assumido novos papéis nas sinagogas e nos ambientes domésticos. Os Salmos passaram a ser recitados em oração, memorizados em casa e entrelaçados em liturgias diárias. Coleções particulares de salmos (como os Salmos 113–118, conhecidos como *Hallel,* que significa "louvor") são entendidos como tendo sido associados a festivais como Páscoa, Shavuot, Sucot e Chanucá, bem como outras ocasiões especiais dentro da tradição religiosa israelita.

Nas Bíblias cristãs, os Salmos são geralmente agrupados com os livros "sabedoria" ou "poéticos", frequentemente posicionados perto da metade do Antigo Testamento. Desde os primeiros séculos, os cristãos se baseavam nos Salmos tanto como orações quanto como textos que podiam ser lidos profeticamente. Agostinho os descreveu como um "ginásio para a alma", capturando seu papel como escola de oração e reflexão. Sua inserção e recepção em contextos judaicos e cristãos garantiram que os Salmos se tornassem não apenas um livro entre muitos, mas uma parte central de como as comunidades aprendiam a expressar louvor, lamentação e confiança.

A organização dos Salmos em cinco livros ou seções (Sl 1–41; 42–72; 73–89; 90–106; 107–150) é uma característica preservada tanto na Bíblia judaica quanto na cristã. Cada um deles encerra com uma breve doxologia (uma fórmula de bênção ou louvor a Deus), e toda a coleção culmina no Salmo 150, um hino que convoca instrumentos, coros e toda a criação em um coro de louvor. Essas divisões não correspondem a categorias organizadas de tipos de salmos, como lamento, louvor ou sabedoria. Em vez disso, marcam etapas editoriais na formação da antologia. Alguns intérpretes sugerem que a organização quíntupla pretendia ecoar os cinco livros da Torá, apresentando os Salmos como um complemento à lei de Israel. Outros observam que, embora os gêneros permaneçam misturados, a sequência como um todo traça um movimento teológico: começando com muitos salmos de Davi e lamentações, passando por crises comunitárias e concluindo em um crescendo de louvor.

Outra característica distintiva dos Salmos são os sobrescritos que prefaciam muitas composições. Essas notas curtas às vezes incluem instruções musicais ("ao mestre do coro", "com instrumentos de cordas"), mas especialmente dignas de nota são as atribuições a figuras específicas. Setenta e três salmos estão ligados a

Davi, enquanto outros estão associados a Asafe, aos coraítas, a Salomão ou mesmo a Moisés. A erudição moderna geralmente trata esses títulos como adições editoriais posteriores, em vez de declarações confiáveis de autoria. A própria frase hebraica *le-David* ("de Davi") é ambígua: pode significar composta por ele, escrita para ele, dedicada a ele ou simplesmente em seu estilo.

A questão da autoria é ainda mais complicada pelo fato de os Salmos terem sido escritos ao longo de muitos séculos. Esse longo período de composição significa que os Salmos refletem as vozes de muitos autores e comunidades, não de um único indivíduo. Em vez de um único poeta, o livro representa uma tradição de canto e oração que foi continuamente adaptada e expandida. Reconhecer essa diversidade não diminui sua importância; destaca como os Salmos se tornaram um recurso compartilhado, transmitido e remodelado através das gerações. A conexão davídica, no entanto, permaneceu central. Tanto nas tradições judaica quanto cristã, Davi era lembrado como o rei, poeta e músico ideal, e vincular os Salmos a ele deu à coleção uma voz paradigmática. Essa associação moldou a interpretação posterior, com os leitores ouvindo os Salmos não apenas como orações de Israel, mas também como as próprias palavras de Davi e, nas leituras cristãs, como antecipações de Cristo.

Em conjunto, essas características demonstram que o Livro dos Salmos, tanto na

Bíblia judaica quanto na cristã, não é uma antologia aleatória de poemas históricos, mas uma coleção cuidadosamente elaborada com propósito teológico. Sua divisão quíntupla, sobrescritos e doxologias conclusivas sugerem um projeto editorial, não uma acumulação acidental. Ao mesmo tempo, seu lugar no cânone (liderando os Escritos no Judaísmo, central no Antigo Testamento para os cristãos) garante que tenha funcionado como uma ponte: entre a lei e a profecia, entre a história de Israel e a vida de culto, entre a oração pessoal e a identidade comunitária.

O Alcance e a Influência dos Salmos

Desde o início, os Salmos transcenderam seus contextos originais no culto israelita e ganharam uma vida mais ampla nas comunidades que os preservaram. Sua forma poética e alcance emocional permitiram que fossem adaptados a novas circunstâncias, e essa adaptabilidade permitiu que viajassem por diferentes línguas, culturas e tradições. Ao longo dos séculos, os Salmos funcionaram não apenas como orações, mas também como textos com influência litúrgica, literária e cultural.

Na tradição judaica, eles se tornaram um recurso para a vida religiosa que se estendia muito além do culto formal. Certos salmos eram recitados para proteção, outros para cura e outros ainda para marcar o ritmo do tempo diário. Sua forma poética auxiliava na memorização, e as crianças podem ter

aprendido salmos de cor como parte da educação religiosa. Manuscritos e inscrições atestam que salmos individuais poderiam ter sido escritos para propósitos devocionais ou mesmo apotropaicos (isto é, para afastar o mal ou o mal), sendo assim valorizados não apenas por seu significado, mas por suas próprias palavras. Essa flexibilidade permitiu que os Salmos permanecessem um companheiro constante ao longo de séculos de mudança, acompanhando comunidades judaicas no exílio, na *diáspora* e na renovação.

No cristianismo, os Salmos foram igualmente proeminentes. O Novo Testamento os cita com frequência, muitas vezes interpretados em relação à vida de Jesus. Padres da Igreja como Atanásio e Agostinho elogiaram o Saltério como um livro que contém toda a gama de emoções humanas, dando voz tanto à alegria quanto ao desespero. Por volta do século IV, a prática de recitar o Saltério inteiro tornou-se uma característica definidora da vida monástica. Com o tempo, os salmos foram incorporados ao ritmo diário da liturgia cristã, seja em cantos latinos, livros de orações anglicanos ou saltérios métricos da era da Reforma, traduzidos para o vernáculo. Em cada contexto, os Salmos foram remodelados para novas comunidades, mantendo seu papel central como orações.

Os Salmos também exerceram uma longa influência literária e artística. Na Antiguidade Tardia, foram iluminados em manuscritos; no

Renascimento, foram parafraseados em poesia e pintados em obras de arte visual; na era moderna, continuaram a ser traduzidos, adaptados e mencionados na literatura. Na música, compositores de diferentes tradições retornaram repetidamente ao Saltério, produzindo obras que vão desde simples cânticos até complexas composições corais e sinfônicas. Esses usos artísticos não foram uniformes, mas demonstram como os Salmos podem ser inseridos em novos contextos criativos.

Sua influência também foi sentida na vida pública e política. Certos salmos assumiram papéis simbólicos muito além de suas origens antigas. O lamento do Salmo 137, "Junto aos rios da Babilônia", ressoou em comunidades em situação de deslocamento, desde exilados judeus até africanos escravizados nas Américas. O Salmo 23, com suas imagens de conforto em meio ao perigo, é lido regularmente em tempos de luto coletivo. Líderes como Martin Luther King Jr. e Nelson Mandela extraíram força e linguagem dos Salmos em contextos de luta e resistência. Esses exemplos ilustram como os Salmos foram adaptados para expressar tanto consolo quanto protesto.

Essas trajetórias demonstram que o Livro dos Salmos foi mais do que uma relíquia da religião israelita. Foi uma coleção viva, repetidamente reinterpretada no culto judaico e cristão, inserida na literatura e na música, e invocada em contextos culturais e políticos mais amplos. Seu alcance e influência continuam a se estender muito além dos contextos em que esses poemas foram compostos pela primeira vez.

A Trajetória Deste Livro

Os capítulos seguintes estão organizados para refletir tanto as origens do Livro dos Salmos quanto seu impacto contínuo. O Capítulo 2 considera a forma e a formação do Saltério, explorando como poemas individuais foram reunidos em uma coleção de cinco livros e o papel dos sobrescritos e do design editorial. O Capítulo 3 aborda gênero e estilo, delineando as principais categorias de salmos identificadas por estudiosos como Hermann Gunkel e examinando a arte poética do paralelismo e da imagem. O Capítulo 4 aborda temas teológicos fundamentais: Deus como rei, criador e refúgio; lamento, confiança e protesto humanos; e a influente proposta de Walter Brueggemann de "orientação, desorientação e nova orientação". O foco então se desloca para os Salmos em uso. O Capítulo 5 analisa seu lugar no culto e na vida cotidiana, desde a antiga liturgia israelita até a prática sinagogal, a oração monástica cristã e as tradições devocionais posteriores. Por fim, o Capítulo 6 reúne os temas centrais do livro, refletindo sobre como os Salmos perduraram não apenas como relíquias de devoção, mas como palavras vivas que continuam a moldar a adoração, a imaginação e a identidade.

Capítulo 2
A forma e a formação do Livro dos Salmos

Quando nos voltamos dos salmos individuais para o Livro dos Salmos como um todo, questões de forma e formação vêm à tona. A coletânea não surgiu de um momento para o outro, com sua estrutura completa. Como observado anteriormente, ela preserva poemas de diferentes épocas e lugares, reunidos ao longo dos séculos na antologia que conhecemos hoje. Compreender como esse processo se desenrolou, como canções independentes se tornaram um livro quíntuplo, como os sobrescritos as estruturaram e como os editores organizaram a sequência tem sido uma das principais preocupações dos estudiosos modernos.

Os Salmos são incomuns entre os livros bíblicos: não são uma narrativa contínua como Gênesis ou Reis, nem um único corpus profético como Isaías, mas uma coleção de 150 composições. No entanto, não são simplesmente um arquivo de letras religiosas. Sua estrutura atual apresenta marcas de organização deliberada. A divisão em cinco "livros", cada um encerrando com uma doxologia, confere à coleção uma forma discernível. O Salmo 1, com sua meditação na Torá, e o Salmo 150, com seu apelo ao louvor universal, funcionam como suportes de livros que emolduram toda a sequência.

Por trás dessa estrutura editorial reside uma história complexa de compilação. Grupos menores de salmos (aqueles atribuídos a Asafe, aos coraítas ou os chamados Cânticos das Ascensões) parecem ter circulado antes de serem incorporados à coleção maior. As sobrescritas vinculam muitos salmos a Davi, Salomão ou Moisés, mas essas atribuições não são registros diretos de autoria. Em vez disso, refletem como comunidades posteriores queriam situar os salmos na história de Israel, ancorando-os nas figuras de rei, templo e Torá.

Este capítulo explora esse processo de formação em três etapas. Primeiro, consideraremos o desenvolvimento de 150 poemas em um livro quíntuplo. Segundo, examinaremos o papel dos sobrescritos e das tradições davídicas. Por fim, analisaremos os debates acadêmicos sobre como os Salmos foram compilados e editados.

De poemas individuais a uma coleção de cinco livros

Os 150 poemas que compõem o Livro dos Salmos são notavelmente diversos em forma e contexto. Alguns foram cantados em cortes reais, outros no templo e outros ainda podem ter surgido de orações particulares. Com o tempo, essas peças individuais foram reunidas em grupos maiores e, por fim, na coleção de cinco partes que hoje consta nas Bíblias judaica e cristã.

Traços desses estágios iniciais ainda são visíveis. Vários grupos menores de salmos podem ser identificados dentro do livro. Os "Cânticos das Subidas" (Sl 120-134) formam uma série compacta, provavelmente ligada à peregrinação a Jerusalém. Os "Salmos de Asafe" (Sl 73-83) e os "Salmos dos Coraítas" (Sl 42-49; 84-85; 87-88) sugerem composições conectadas a guildas específicas de músicos do templo. Outros pares e agrupamentos são recorrentes: os Salmos 105 e 106, por exemplo, recontam a história de Israel de maneiras complementares, um relatando os feitos poderosos de Deus, o outro destacando os repetidos fracassos de Israel. Esses grupos indicam que poemas individuais circularam em coleções muito antes de serem reunidos em um único livro.

A característica estrutural definidora do Livro dos Salmos é sua divisão em cinco seções: Livro I (Sl 1-41), Livro II (Sl 42-72), Livro III (Sl 73-89), Livro IV (Sl 90-106) e Livro V (Sl 107-150). Cada seção conclui com uma doxologia, uma breve fórmula de bênção como: "Bendito seja o Senhor, Deus de Israel, de eternidade a eternidade. Amém e Amém" (41:13; cf. 72:18-19; 89:52; 106:48). O salmo final, 150, serve como uma doxologia estendida por si só, convocando instrumentos, coros e "tudo o que respira" para se juntar ao louvor. Esses marcadores recorrentes são fortes evidências de que o livro não era uma antologia aleatória, mas uma coleção que recebeu forma deliberada.

A tradição judaica, desde o *Midrash Tehilim* rabínico, e intérpretes cristãos como Agostinho sugeriram que a divisão em cinco seções foi concebida para espelhar os cinco livros de Moisés. Nessa visão, os Salmos se apresentam como uma contrapartida à Torá: lei e oração em equilíbrio, o fundamento da vida de Israel diante de Deus. Embora estudiosos modernos sejam cautelosos ao afirmar uma intenção direta, o paralelo teria sido evidente para os leitores antigos. A Torá fornecia instruções para a vida, enquanto os Salmos ensinavam Israel a responder em oração, louvor e lamentação. A estrutura quíntupla, portanto, situa a coleção dentro do mundo bíblico mais amplo de Israel.

O conteúdo de cada um dos cinco livros tem características próprias, embora os limites não sejam rígidos. O Livro I (Sl 1–41) é dominado por salmos atribuídos a Davi e marcado por lamentos individuais. O Salmo 3, por exemplo, abre com um clamor por libertação dos inimigos: "Ó Senhor, quão numerosos são os meus adversários! Muitos se levantam contra mim" (3:1). O Livro II (Sl 42–72) continua a ênfase davídica, mas também introduz coleções associadas aos coraítas. Encerra com o Salmo 72, um salmo real que ora para que o reinado do rei traga justiça e abundância: "Que ele defenda a causa dos pobres do povo, dê livramento aos necessitados e esmague o opressor" (72:4). O Livro III (Sl 73–89) muda para uma voz mais comunitária e um tom mais sombrio. O Salmo 74 lamenta a destruição do santuário: "Incendiaram o teu santuário; profanaram a morada do teu nome, derrubando-a por terra" (74:7). O Salmo 89, refletindo sobre o colapso da monarquia, pergunta: "Senhor, onde está a tua antiga benignidade, que juraste a Davi pela tua fidelidade?" (89:49).

O Livro IV (Sl 90-106) responde a essa crise enfatizando a realeza e a fidelidade de Deus. Começa com o Salmo 90, uma oração atribuída a Moisés: "Senhor, tu tens sido a nossa habitação de geração em geração" (90:1). Essa colocação sinaliza um afastamento da dependência da monarquia davídica em direção à confiança no reinado duradouro de Deus. Os salmos seguintes (93-99) proclamam repetidamente: "O Senhor é rei!". O Livro V (Sl 107-150) reúne muitos hinos de ação de graças e louvor. Inclui o "Halel" (Sl 113-118), recitado em festivais; os "Cânticos das Subidas" (Sl 120-134), associados à peregrinação; e o Salmo 119, um acróstico alfabético em que cada seção sucessiva começa com uma letra diferente do alfabeto hebraico. O salmo percorre todas as vinte e duas letras em ordem, dedicando oito versos a cada uma, e, ao fazê-lo, oferece uma meditação altamente estruturada sobre a Torá. A sequência final (146-150) é um crescendo de salmos de aleluia, cada um começando e terminando com "Louvai ao Senhor", culminando no apelo do Salmo 150 ao louvor universal.

A estrutura deliberada da coleção é visível não apenas em sua divisão quíntupla, mas também em sua abertura e encerramento. O Salmo 1 dá o tom com um tema de sabedoria: "Felizes os que... têm prazer na lei do Senhor" (1:1-2). O Salmo 2 complementa-o com um tema real: "Estabeleci o meu rei em Sião, meu santo monte" (2:6). Juntos, esses dois salmos estabelecem a Torá e a realeza como preocupações centrais. Na outra extremidade, o Salmo 150 traz toda a coleção a uma conclusão adequada, com seus enfáticos apelos ao louvor coletivo. Ainda assim, o arranjo quíntuplo não deve ser pressionado de forma muito rígida. Lamentos aparecem em todas as seções, assim como hinos de louvor. O que a estrutura fornece não é um enredo único, mas uma estrutura teológica. Cada livro percorre seu próprio ciclo de lamento, petição e louvor, e cada um termina com uma doxologia. Juntos, os cinco livros criam um ritmo de oração que reflete a experiência variada de Israel: problemas e confiança, desespero e esperança, exílio e restauração.

A estrutura do Livro dos Salmos reflete, portanto, tanto preservação quanto inovação. Canções antigas, enraizadas em rituais do templo, cerimônias reais e devoção pessoal, foram reunidas em grupos e, em seguida, em um todo de cinco partes. A divisão em cinco livros, a disposição dos salmos principais e a estrutura da introdução e da conclusão sugerem um design intencional. O resultado é uma coletânea que é, ao mesmo tempo, uma antologia de vozes diversas e um livro coerente, guiando os leitores do lamento ao louvor e da oração pessoal à confissão comunitária.

Sobrescritos davídicos e modelagem editorial

Uma das características mais distintivas do Livro dos Salmos são os sobrescritos que prefaciam muitas composições individuais. Cerca de dois terços dos salmos contêm algum tipo de título. Estes variam de breves atribuições a indivíduos ("De Davi", "De Asafe") a notas mais longas que fornecem contexto litúrgico ou histórico, como "Um Salmo de Davi, quando fugiu de seu filho Absalão" (Sl 3). Outros incluem instruções musicais: "Ao líder: com instrumentos de cordas" (Sl 4). Outros ainda empregam termos técnicos cujo significado permanece incerto, como maskil ou miktam. Embora os sobrescritos não sejam uniformes, eles servem a um propósito consistente: eles enquadram a leitura do salmo, orientando como ele deveria ser entendido ou usado na adoração.

Atribuições Davídicas

O maior grupo de sobrescritos liga os salmos a Davi (setenta e três no total). A expressão hebraica *le-David* tem sido tradicionalmente traduzida como "De Davi", sugerindo autoria. No entanto, como muitos estudiosos observam, a preposição *le-* é ambígua: pode significar "por", "para", "a" ou "concernente a". Essa flexibilidade significa que um salmo "de Davi" pode ter sido composto por ele, escrito em sua homenagem, dedicado a seus descendentes ou escrito em estilo davídico. Na prática, a atribuição não funciona como uma

19

reivindicação moderna de autoria. Em vez disso, situa o salmo dentro da figura do rei paradigmático de Israel.

A conexão com Davi foi profundamente significativa para as comunidades que preservaram esses textos. Davi foi lembrado não apenas como o grande monarca de Israel, mas também como poeta e músico (cf. 1 Sm 16:18). Associar um salmo a Davi era enraizá-lo no passado real de Israel, conferir-lhe a voz de alguém que personificava tanto a realeza quanto a devoção. Essa associação conferia aos salmos maior autoridade e ressonância. Quando intérpretes judeus posteriores recitaram um salmo "de Davi", eles o ouviram como a voz do rei; quando intérpretes cristãos leram o mesmo salmo, frequentemente o ouviram como uma antecipação de Cristo, o "Filho de Davi".

As legendas davídicas também moldam a estrutura da coleção. Os livros I e II concentram-se fortemente em salmos atribuídos a Davi. A nota final no final do Salmo 72 ("As orações de Davi, filho de Jessé, acabaram") sugere que os dois primeiros livros foram, em certa época, considerados uma coleção "davídica" distinta. Editores posteriores expandiram a antologia, adicionando salmos relacionados a outras figuras e grupos, mantendo Davi como núcleo.

Outras Atribuições

Ao lado dos títulos davídicos, encontram-se atribuições a outros nomes. A coleção Asafita (Sl

73-83) e os salmos coraítas (Sl 42-49; 84-85; 87-88) provavelmente preservam tradições associadas às guildas de cantores do templo. Salomão aparece nos sobrescritos dos Sl 72 e 127, e Moisés no Sl 90. Cada uma dessas ligações acrescenta autoridade ao conectar um salmo a uma figura reverenciada: Asafe e os coraítas como músicos levíticos, Salomão como o rei sábio, Moisés como legislador e intercessor. Mesmo que os sobrescritos não sejam notas históricas de autoria, eles ancoram os poemas na memória de líderes, instituições e tradições de Israel.

Essas atribuições também sugerem que os Salmos não foram reunidos de uma só vez, mas sim ampliados pela incorporação de coleções menores. Os salmos de Asafe e Coraíta provavelmente foram reunidos como unidades distintas antes de serem incluídos nos Livros II e III. Da mesma forma, os "Cânticos das Subidas" (Sl 120-134), embora sem autores nomeados, formam uma coleção reconhecível inserida posteriormente no Livro V. A estrutura editorial dos Salmos, portanto, não se resume a dividi-los em cinco livros, mas sim a entrelaçar distintas vertentes da tradição em um todo maior.

Sobrescritos Históricos

Um grupo menor de sobrescritos situa os salmos em momentos específicos da vida de Davi: "quando fugiu de Absalão, seu filho" (Sl 3), "quando os filisteus o prenderam em Gate" (Sl 56) ou "quando o profeta Natã veio a ele, depois de ter ido a Bate-Seba" (Sl 51). É improvável que essas notas sejam históricas em sentido estrito. Poucas correspondem precisamente ao conteúdo do salmo, e muitas parecem ter sido adicionadas retrospectivamente. Sua função é interpretativa: convidam o leitor a imaginar Davi orando essas palavras em momentos de provação ou arrependimento. Ao fazê-lo, conferem aos salmos uma estrutura narrativa, ligando-os à história de Israel.

Modelagem Editorial

Além dos sobrescritos, há evidências de que o Livro dos Salmos foi moldado com intenção teológica. A colocação de certos salmos em pontos estratégicos reforça o movimento da coleção. O Salmo 1, com seu foco na Torá, serve como uma introdução; o Salmo 2, com sua teologia real, a complementa. O Salmo 72, encerrando o Livro II, apresenta uma visão idealizada da realeza, após a qual a nota "As orações de Davi, filho de Jessé, terminaram" sugere uma transição. O Salmo 89, no final do Livro III, expressa o desespero pelo aparente colapso da aliança davídica: "Senhor, onde está a tua antiga benignidade, que pela tua fidelidade juraste a Davi?" (89:49). A sequência então gira com o Salmo 90, atribuído a Moisés, sinalizando um retorno à realeza de Deus em vez da monarquia humana. Quando a coleção chega ao

Salmo 150, o foco mudou do lamento real para o louvor universal.

Essa estruturação não elimina a diversidade. Lamentos e hinos aparecem em todas as seções, e a ordem geral não é narrativa linear, mas sim uma arquitetura teológica. Ainda assim, padrões emergem. Os livros I e II enfatizam a autoria davídica, fundamentando a coleção na voz real. O livro III lida com a crise do exílio e a perda da monarquia. Os livros IV e V destacam o reinado eterno de Deus e terminam com uma explosão de louvor. Os editores organizaram o material para guiar o leitor por essas etapas.

Implicações teológicas

Reconhecer o papel dos sobrescritos e da estrutura editorial nos ajuda a enxergar os Salmos como mais do que uma antologia solta. As atribuições davídicas conferiram coerência e autoridade à coleção, enquanto a disposição dos salmos em sequências cuidadosamente escolhidas criou um ritmo que move o leitor através da crise, da confissão e do louvor. O resultado é um livro que pode falar através de gerações: orações pessoais reformuladas como memória comunitária, lamentos reais adaptados para contextos exílicos ou pós-exílicos, e cânticos antes vinculados ao culto no templo transformados em escritura para sinagogas e igrejas.

O significado teológico dessa formação reside na maneira como retrata a identidade de

Israel diante de Deus. As sobreposições conectam os Salmos a figuras como Davi, Salomão ou Moisés, enraizando os poemas nos líderes fundadores de Israel; contudo, a coletânea como um todo direciona a atenção para além dos indivíduos, para o relacionamento contínuo do povo com YHWH. O ciclo de lamento e confiança, confissão e ação de graças, reflete um padrão de aliança: Israel é um povo que depende do amor inabalável de Deus, mesmo no fracasso e no exílio.

Igualmente importante é a maneira como a coletânea destaca a realeza de Deus. Enquanto a realeza humana é honrada e lembrada, o arranjo editorial insiste que a soberania suprema pertence a YHWH. Salmos reais são equilibrados por hinos que celebram Deus como criador e governante das nações. Este arco teológico desloca o olhar do leitor da fragilidade do poder terreno para a constância do governo divino.

Ao estruturar a oração dessa forma, o Livro dos Salmos apresenta uma visão de fé realista e esperançosa. Dá voz à angústia e ao protesto, mas não se limita a isso; guia as comunidades em direção a uma confiança renovada na presença de Deus e a uma postura final de louvor. A estruturação da coletânea, portanto, reflete uma profunda convicção teológica: ser povo de Deus é viver honestamente diante de YHWH em todas as circunstâncias, enquanto se é continuamente atraído de volta ao relacionamento com Aquele que reina sobre a criação e permanece fiel à aliança.

Teorias de Compilação e Debates Acadêmicos

O Livro dos Salmos tem sido há muito tempo apreciado como fonte de oração e poesia, mas, na erudição moderna, tornou-se também um campo de testes para novos métodos de interpretação. Questões sobre como a coletânea foi elaborada (seja como uma antologia gradual ou como um livro deliberadamente moldado) deram origem a diferentes abordagens, cada uma com suas próprias premissas e ênfases. O que se segue é um levantamento de algumas das teorias mais influentes, desde a crítica da forma inicial até as leituras canônicas mais recentes, e os debates que continuam a moldar o campo.

Fundamentos Críticos da Forma

Na virada do século XX, Hermann Gunkel foi pioneiro no estudo crítico da forma dos Salmos. A crítica da forma é um método de classificação de textos de acordo com sua forma literária e características típicas, com o objetivo de reconstruir seu contexto social original. Para Gunkel, a chave para a compreensão dos Salmos não era sua forma final, mas o "Sitz im Leben" (ambiente de vida) original de cada poema. Ele argumentava que os salmos poderiam ser agrupados em tipos (hinos, lamentos, ações de graças, salmos reais, salmos sapienciais) com base em padrões recorrentes de vocabulário, estrutura e motivo. Cada tipo, por sua vez, tinha uma função característica: os lamentos eram gritos de socorro em situações de aflição, os hinos louvavam o poder e a criação de Deus, os salmos reais pertenciam a contextos de coroação ou batalha. Ao se concentrar nessas formas, Gunkel buscou ir além das questões de autoria para recuperar o papel dos salmos na vida religiosa de Israel.

A abordagem de Gunkel foi posteriormente desenvolvida por Sigmund Mowinckel, que enfatizou o contexto cultual dos salmos. Ele propôs que muitos se originaram em festivais no templo, especialmente uma celebração anual da realeza de Deus. Segundo Mowinckel, salmos como 93 e 96-99 refletem rituais de entronização nos quais YHWH era aclamado como rei. Embora estudiosos posteriores tenham debatido as evidências de tais festivais, a insistência de Mowinckel em um contexto litúrgico vivo ajudou a desviar a atenção de autores individuais para o culto comunitário de Israel. Juntos, Gunkel e Mowinckel estabeleceram a crítica da forma como o método dominante durante grande parte do século XX.

Perspectivas Críticas de Redação

A partir da década de 1980, a atenção se voltou das origens de cada salmo para a forma da coleção como um todo. Essa abordagem é frequentemente descrita como crítica da redação, um método que estuda o trabalho editorial (redacção) que moldou tradições anteriores até sua forma final. Em vez de se perguntar apenas como um salmo poderia ter sido usado no templo, os críticos da redação questionam como coleções menores foram combinadas, organizadas e receberam orientação teológica de editores posteriores.

O influente estudo de Gerald Wilson, *The Editing of the Hebrew Psalter* (1985), argumentou que a divisão quíntupla do livro reflete uma atividade editorial proposital. Ele sugeriu que o arranjo conta uma história teológica: o declínio da monarquia davídica (Livros I-III) dá lugar a uma ênfase na realeza eterna de Deus (Livros IV-V). Nessa visão, os Salmos não foram simplesmente preservados, mas reinterpretados à luz da experiência de exílio e perda de Israel.

Brevard Childs, embora não tenha escrito principalmente sobre os Salmos, reforçou essa perspectiva com sua abordagem canônica das Escrituras. Para Childs, a forma final de um livro bíblico é, em si mesma, teologicamente significativa. A estrutura editorial dos Salmos, seus salmos estruturantes, doxologias e sequências, devem, portanto, ser lidos como parte de sua mensagem. Isso marcou uma grande mudança: em vez de ver a atividade editorial como secundária, os estudiosos começaram a tratá-la como central para o significado do livro.

Abordagens Canônicas

Com base nessas percepções, outros estudiosos argumentam que os Salmos apresentam uma mensagem abrangente em sua forma canônica. Uma abordagem canônica concentra-se no texto como ele se encontra atualmente dentro do cânone bíblico, em vez de em seus estágios iniciais de composição. Ela questiona como o livro funciona teológica e espiritualmente para a comunidade que o recebeu como escritura. Em contraste com a crítica da forma, que olha além do texto, para suas origens, ou a crítica da redação, que enfatiza o trabalho dos editores, a abordagem canônica trata a forma final do livro como portadora de significado.

Alguns estudiosos, como Walter Brueggemann, enfatizaram a transição da orientação (confiança em Deus), passando pela desorientação (crise e lamentação), até a reorientação (confiança e louvor renovados). Embora as categorias de Brueggemann não pretendessem descrever a estrutura editorial em sentido estrito, elas destacam como os Salmos podem ser lidos como uma jornada de fé.

Outros se concentram nas conexões com a Torá. O Salmo 1, com sua meditação sobre a lei de Deus, tem sido frequentemente visto como deliberadamente colocado no topo do livro para alinhá-lo às tradições de sabedoria e à autoridade da Torá. O Salmo 119, com seu louvor acróstico à lei, reforça essa trajetória. Tais características sugerem que a coleção foi moldada não apenas como um livro de orações, mas como uma instrução, guiando Israel na vida de aliança com Deus.

Debates em andamento

Apesar desses desenvolvimentos, questões significativas permanecem. Uma diz respeito à própria divisão quíntupla: foi deliberadamente modelada na Torá ou o paralelo só foi percebido posteriormente? Outra diz respeito ao princípio de agrupamento: os salmos foram agrupados principalmente por atribuições de autoria (Davi, Asafe, Corá), por temas (real, sabedoria, lamento) ou por uso litúrgico (festival, peregrinação)? As evidências não são uniformes. Alguns agrupamentos parecem ser coleções de guildas; outros parecem organizados por intenção teológica; outros ainda podem refletir necessidades litúrgicas práticas.

Há também a questão da unidade. O Livro dos Salmos deve ser lido como um todo coerente, passando do lamento ao louvor, ou é mais bem visto como uma antologia onde existem padrões, mas não governam toda a obra? Os estudiosos permanecem divididos. Aqueles que enfatizam a modelagem editorial argumentam que a sequência conta uma história teológica. Outros alertam que a diversidade de formas resiste a qualquer narrativa única e abrangente. A tensão entre unidade e antologia permanece sem solução e talvez reflita a riqueza da própria coletânea.

Contextos do Segundo Templo

Estudos recentes também exploraram os Salmos em relação aos desenvolvimentos mais amplos do judaísmo do Segundo Templo. A descoberta de manuscritos de salmos em Qumran, incluindo arranjos alternativos e composições adicionais como o Salmo 151, mostra que a coleção ainda era fluida nos séculos anteriores à Era Comum. Isso sugere que o processo de compilação estava em andamento e que o Livro dos Salmos estava emergindo como uma obra canônica ao lado da Torá e dos Profetas. O uso de salmos em Qumran (copiados, adaptados e, às vezes, reescritos) ilustra como a coleção funcionou como uma tradição viva mesmo enquanto caminhava para seu fechamento.

Essas descobertas reforçam o ponto de que os Salmos não foram fixados em um único momento, mas sim desenvolvidos ao longo do tempo, moldados por decisões editoriais e preocupações teológicas. A forma canônica que hoje ocupa o centro das Bíblias judaica e cristã representa o ápice desse processo, mas vestígios de estágios anteriores nos lembram que o livro já foi mais aberto e diverso.

Conclusão

O estudo da forma e da formação dos Salmos revela um livro que é, ao mesmo tempo, profundamente diverso e cuidadosamente organizado. Poemas individuais com raízes em rituais do templo, cerimônias reais ou devoção privada foram reunidos em grupos e, com o tempo, na coleção quíntupla que aparece nas Bíblias judaica e cristã. Sobrescritos ligavam muitos salmos a figuras como Davi, Salomão ou Moisés, conferindo coerência e autoridade, mesmo que os estudiosos modernos considerem esses títulos como notas editoriais e não históricas. A formatação editorial é evidente nos salmos que os estruturam, nas doxologias recorrentes e na transição do lamento e da crise para a ação de graças e o louvor.

Teorias de compilação e debates acadêmicos destacam diferentes dimensões desse processo. Críticos da forma chamaram a atenção para os contextos cúlticos e sociais de cada salmo. Críticos da redação enfatizaram o trabalho dos editores que deram ao livro sua forma teológica. Intérpretes canônicos enfatizaram a importância da forma final como escritura. Cada abordagem enriqueceu nossa compreensão, mesmo com a persistência de divergências sobre o grau de unidade e as intenções precisas daqueles que organizaram a coletânea.

O que emerge é um livro que é tanto antologia quanto livro: uma reunião de vozes diversas, mas também um testemunho estruturado da vida de Israel diante de Deus ao longo dos séculos. Tendo considerado a forma e a formação da coletânea, passamos agora a examinar sua arte poética e seus gêneros (as formas de lamento, louvor e ação de graças que conferem aos Salmos seu poder duradouro).

Capítulo 3
Gêneros e Poesia dos Salmos

Uma das maneiras mais frutíferas pelas quais os estudiosos têm abordado os Salmos é questionando como poemas individuais se encaixam em categorias reconhecíveis de discurso. Em vez de tratar cada salmo isoladamente, o estudo moderno tem enfatizado padrões recorrentes: lamentos, hinos, ações de graças, salmos reais, salmos sapienciais. Esses gêneros não são caixas rígidas, mas fornecem insights sobre como os salmos funcionaram na vida de Israel e por que eles têm ressonância duradoura.

O estudo sistemático dessas formas está mais intimamente associado a Hermann Gunkel, cujo trabalho do início do século XX classificava os salmos de acordo com suas estruturas e temas característicos. Como mencionado no Capítulo 2, seu objetivo era identificar o "cenário da vida" que os originava, fosse um festival, uma cerimônia real ou uma oração individual. Estudiosos posteriores, incluindo Sigmund Mowinckel, refinaram essa abordagem enfatizando contextos cultuais e litúrgicos. Embora poucos hoje insistam tanto nos detalhes quanto eles, seu trabalho pioneiro permanece fundamental: a análise de gênero continua a moldar a maneira como os Salmos são interpretados.

Mas o gênero por si só não captura a arte desses poemas. Os salmos funcionam por meio de técnicas poéticas que os tornam memoráveis, poderosos e emocionalmente ressonantes. Paralelismo, metáforas, imagens e até acrósticos alfabéticos dão estrutura e força à sua linguagem. Esses recursos não apenas ornamentam os salmos; eles moldam seu significado.

Este capítulo, portanto, se desenvolverá em três etapas. Primeiro, apresentará os principais gêneros dos Salmos com exemplos representativos. Segundo, destacará as principais características poéticas que caracterizam os versos hebraicos. Por fim, recorrerá a leituras atentas de salmos selecionados para mostrar como gênero e arte poética se combinam na prática.

Gêneros dos Salmos
Hinos de Louvor

Entre os tipos de salmos mais claros e reconhecíveis estão os hinos, poemas que convocam a comunidade a louvar a Deus e, em seguida, apresentam razões para isso. Sua estrutura costuma ser simples: um chamado inicial ao louvor, uma seção intermediária relatando a grandeza ou os feitos de Deus e uma afirmação ou doxologia final. O tom é exuberante, com foco na majestade e beneficência de Deus em vez de nas necessidades individuais.

Um exemplo clássico é o Salmo 100, às vezes chamado de "hino processional". Ele abre com imperativos que convocam toda a terra: "Aclamai o Senhor, toda a terra. Adorai o Senhor com alegria; vinde à sua presença com cânticos" (100:1-2). O corpo do salmo fornece a justificativa: Deus nos criou, nós pertencemos a Deus e o amor leal de Deus dura para sempre. O salmo conclui com ações de graças às portas do templo, convidando os adoradores a levarem seus louvores ao próprio santuário.

Outros hinos expandem o escopo do louvor a todo o cosmos. O Salmo 8 maravilha-se com a criação ("Quando contemplo os teus céus, obra dos teus dedos, a lua e as estrelas que estabeleceste" [8:3]) e reflete sobre a dignidade da humanidade nela contida. O Salmo 148 orquestra um coro ainda mais amplo: sol, lua, estrelas, monstros marinhos, montanhas, animais, reis e povos são todos convocados ao louvor. Tais salmos se baseiam nas imagens do mundo natural para sublinhar a soberania de Deus e o alcance universal da adoração.

Embora os hinos não tenham o sentido de crise que domina os lamentos, eles desempenham um papel teológico vital. Orientam a comunidade para a grandeza de Deus, lembrando aos adoradores que o louvor não é meramente uma resposta a orações atendidas, mas uma postura de vida. Ao celebrar a criação, a aliança e o amor duradouro, os hinos articulam a convicção de Israel de que toda a existência se baseia no louvor a YHWH.

Salmos de Lamento

Nenhum gênero é mais proeminente no Livro dos Salmos do que o lamento. Aproximadamente um terço dos salmos se enquadra nessa categoria, tornando-o o maior gênero. Lamentos são orações proferidas em momentos de angústia, dando linguagem ao sofrimento, ao protesto e à petição. Longe de serem marginais, são centrais na vida de oração de Israel, testemunhando que a fé não silencia a dor, mas a expõe abertamente diante de Deus.

A maioria dos lamentos segue uma estrutura reconhecível. Frequentemente começam com uma invocação, dirigindo-se diretamente a Deus: "Até quando, Senhor? Esquecer-te-ás de mim para sempre?" (Sl 13:1). Em seguida, vem a queixa, onde o salmista expõe o problema, seja doença, inimigos, traição ou crise nacional. Segue-se uma petição, instando Deus a agir: "Considera e responde-me, Senhor meu Deus!" (13:3). Muitos lamentos incluem uma expressão de confiança, relembrando a fidelidade passada de Deus como fundamento para a esperança. Frequentemente encerram com um voto de louvor ou uma breve afirmação de confiança: "Cantarei ao Senhor, porque me tem feito muito bem" (13:6). Nem todos os lamentos incluem todos esses elementos, mas o padrão é comum o suficiente para mostrar uma forma litúrgica e teológica compartilhada.

Os estudiosos distinguem entre lamentos individuais e lamentos comunitários. Lamentos individuais, como o Salmo 13 ou o Salmo 22, expressam o sofrimento de uma única pessoa. Lamentos comunitários, como o Salmo 74 ou o Salmo 79, falam em nome de todo o povo, frequentemente em resposta a um desastre nacional. O Salmo 74, por exemplo, lamenta a destruição do santuário: "Incendiaram o teu santuário; profanaram a morada do teu nome, derrubando-a por terra" (74:7). Em ambos os casos, o lamento não é apenas catártico, mas também teológico: pressupõe que Deus se importa e que o povo da aliança de Deus pode responsabilizá-Lo pelas promessas de proteção e libertação.

A proeminência dos lamentos frequentemente surpreende os leitores modernos, que esperam que as Escrituras forneçam palavras de conforto em vez de reclamação. No entanto, sua própria abundância demonstra que, na tradição de Israel, o lamento não era uma falha de fé, mas uma expressão dela. Clamar "Até quando?" ou "Por quê?" é afirmar que Deus está presente e pode ser abordado, mesmo quando a ação divina parece ausente. O lamento mantém o relacionamento vivo em momentos em que o louvor parece impossível.

Alguns lamentos são especialmente marcantes por sua crua honestidade. O Salmo 88 termina não com um voto de louvor, mas em escuridão implacável: "Tu fizeste com que amigos e vizinhos se afastassem de mim; meus companheiros estão nas trevas" (88:18). Tais salmos nos lembram que a Escritura abre espaço para sofrimentos não resolvidos. Outros, como o Salmo 22, transitam da angústia para uma confiança renovada, uma trajetória que mais tarde moldou a reflexão cristã sobre a paixão de Jesus.

Os lamentos comunitários também desempenhavam uma função litúrgica na formação da memória coletiva. Ao expressarem a tristeza pela derrota, exílio ou destruição, permitiam que a comunidade expressasse sua dor na presença de Deus. Também forneciam uma estrutura para a solidariedade: os fiéis compartilhavam os fardos uns dos outros recitando essas palavras juntos. O fato de tantos desses salmos terem sido preservados sugere que não eram explosões ocasionais, mas recursos vitais na vida de oração de Israel.

Teologicamente, os lamentos ressaltam que a relação de Israel com Deus é de aliança e dialógica. Eles pressupõem que Deus ouve, que Deus pode ser interpelado e que a honestidade diante de Deus não é apenas permitida, mas exigida. Ao preservar os lamentos juntamente com hinos e ações de graças, o Livro dos Salmos apresenta um espectro completo de fé: não apenas gratidão e alegria, mas também angústia, protesto e esperança.

Salmos de Ação de Graças

Intimamente relacionados aos lamentos estão os salmos de ação de graças, orações oferecidas após a libertação. Se o lamento clama

"Salva-me", a ação de graças responde: "Tu me salvaste". Esses salmos expressam gratidão pela cura, resgate ou vitória, e frequentemente relembram a angústia da qual o salmista foi liberto.

Os salmos de ação de graças podem ser individuais ou comunitários. Ações de graças individuais, como o Salmo 30, expressam gratidão pessoal: "Ó Senhor, meu Deus, clamei a ti por socorro, e tu me curaste" (30:2). Aqui, o salmista relembra uma crise, talvez uma doença ou uma situação de quase morte, e celebra a intervenção de Deus. O salmo encerra com um compromisso de louvor contínuo: "Transformaste o meu pranto em dança... Ó Senhor, meu Deus, eu te louvarei para sempre" (30:11-12).

Ações de graças comunitárias refletem a libertação experimentada por todo o povo. O Salmo 124, por exemplo, comemora o resgate da ameaça militar: "Se não fosse o Senhor, que esteve ao nosso lado... então eles nos teriam engolido vivos" (124:1-3). O salmo narra o perigo em metáforas vívidas (inundações, presas na armadilha do caçador) antes de afirmar: "O nosso socorro está no nome do Senhor, que fez o céu e a terra" (124:8). Ao relembrar tais memórias em adoração, a comunidade fortaleceu sua confiança no cuidado contínuo de Deus.

Estruturalmente, os salmos de ação de graças compartilham várias características com os lamentos (como a lembrança do perigo e a expressão de confiança), mas diferem na ênfase. Em vez de começarem com uma queixa, começam com uma declaração de louvor, passam para uma recordação do ato salvador de Deus e concluem com uma renovada ação de graças. Ao fazer isso, transformam o que antes era um grito de petição em um cântico de gratidão.

Teologicamente, os salmos de ação de graças reforçam a convicção de que Deus não é apenas abordado em tempos de angústia, mas reconhecido como a fonte de vida e restauração. Ao relembrar a libertação passada, eles sustentam a fé para o futuro: o Deus que resgatou antes o fará novamente. Por essa razão, os salmos de ação de graças tornaram-se centrais no culto de Israel, garantindo que a memória da salvação permanecesse viva nos ritmos da oração.

Salmos Reais

Um grupo distinto dentro do Livro dos Salmos centra-se na figura do rei. Estes são frequentemente chamados de salmos reais porque se concentram na monarquia, seja celebrando a entronização do rei, orando pela vitória em batalha ou refletindo sobre a aliança com Davi. Embora constituam apenas uma pequena parte da coleção, seus temas são significativos porque conectam o culto de Israel com sua vida política e imaginação teológica.

Alguns salmos reais parecem ter sido compostos para ocasiões específicas na monarquia. O Salmo 2, por exemplo, retrata a instalação do rei em Sião por Deus: "Eu estabeleci o meu rei em Sião, meu santo monte" (2:6). O salmo insiste que as nações não podem derrubar o governante ungido por Deus, afirmando tanto a soberania divina quanto a legitimidade do rei de Israel. Da mesma forma, o Salmo 72 ora pelo reinado de um governante justo: "Que ele defenda a causa dos pobres do povo, dê livramento aos necessitados e esmague o opressor" (72:4). O rei é imaginado como o mediador da justiça e da bênção de Deus para a terra. O Salmo 110, amplamente citado na tradição judaica e cristã posterior, descreve o rei como governante e sacerdote, sentado à direita de Deus e dotado de autoridade duradoura.

Esses salmos destacam a dimensão teológica da realeza em Israel. O rei não era simplesmente um líder político, mas era entendido como alguém que governava em nome de YHWH. Orar pela proteção ou sucesso do rei era, nessa perspectiva, afirmar o próprio reinado de Deus através da linhagem davídica.

Após a queda da monarquia, os salmos reais assumiram novos significados. Em contextos pós-exílicos, podiam ser ouvidos como orações por restauração ou como retratos idealizados de uma realeza que não mais existia na prática. Na tradição judaica, eles às vezes alimentavam a esperança messiânica: a expectativa de que Deus suscitaria um futuro rei da linhagem de Davi. Na interpretação cristã, muitos desses salmos eram lidos cristologicamente, como prenúncios da vida, do sofrimento e da exaltação de Jesus.

Assim, os salmos reais são importantes não apenas pelo que representaram na monarquia de Israel, mas também pela forma como foram reinterpretados. Sua inserção no Livro dos Salmos garante que a memória da realeza permanecesse parte da vida de oração de Israel, mesmo após o fim da instituição política. Eles testemunham a convicção de que o governo humano, em sua melhor forma, deveria refletir a justiça de Deus e antecipar o reinado final de Deus.

Salmos de Sabedoria

Outro grupo reconhecível dentro do Livro dos Salmos é moldado pelos temas e estilo da tradição sapiencial de Israel. Esses salmos sapienciais ecoam preocupações familiares de livros como Provérbios e Jó: o contraste entre o justo e o ímpio, o valor da meditação nos ensinamentos de Deus e a prosperidade passageira dos malfeitores. São menos abertamente litúrgicos do que hinos ou lamentos, funcionando mais como reflexões ou instruções que guiam uma vida fiel.

O Salmo 1 é o exemplo mais claro e, apropriadamente, abre o livro inteiro. Ele apresenta ao leitor dois caminhos: "Felizes os que... têm prazer na lei do Senhor, e na sua lei meditam dia e noite. São como árvores plantadas junto a ribeiros de águas" (1:1-3). Em contraste, "os ímpios não são assim, mas são como a palha que o vento dispersa"

(1:4). A forma do salmo é menos uma oração do que uma meditação, e seu propósito é orientar a coleta para a Torá como fundamento da vida com Deus.

Outros salmos de sabedoria assumem a forma de reflexões prolongadas. O Salmo 37, por exemplo, aconselha paciência quando os ímpios parecem prosperar: "Não te indignes por causa dos ímpios... confia no Senhor e faze o bem" (37:1, 3). O salmo se desdobra quase como um conjunto de provérbios, oferecendo repetidas garantias de que os justos perdurarão enquanto os ímpios murcharão. Da mesma forma, o Salmo 49 confronta o problema da mortalidade, alertando contra a confiança equivocada na riqueza: "Os mortais não podem habitar em sua pompa; são como os animais que perecem" (49:12). Aqui, a sabedoria não é especulação abstrata, mas um chamado à confiança em Deus em meio às incertezas da vida.

Estilisticamente, os salmos sapienciais frequentemente utilizam formas de ensino (contrastes, provérbios, acrósticos) para reforçar sua mensagem. O Salmo 119, o salmo mais longo, é uma meditação alfabética da Torá, onde cada estrofe começa com uma letra sucessiva do alfabeto hebraico. Sua extensão e estrutura sublinham a plenitude da devoção à instrução de Deus.

Teologicamente, os salmos sapienciais ampliam o escopo da coleção. Enquanto lamentos e hinos surgem de momentos específicos de crise ou celebração, os salmos sapienciais abordam a visão de longo prazo da vida. Eles lembram aos leitores que a adoração não se trata apenas de orar no momento, mas de moldar o caráter, formar hábitos de confiança e viver fielmente ao longo do tempo.

A Poesia dos Salmos
Paralelismo

Uma característica distintiva da poesia bíblica é o paralelismo, o equilíbrio dos versos de modo que o segundo ecoe, intensifique ou contraste com o primeiro. Essa interação de versos é a marca registrada da poesia hebraica, conferindo aos salmos seu ritmo, cadência e memorabilidade. Ao contrário das tradições que se baseiam em rima ou métrica rigorosa, a arte aqui reside na variação e na repetição, na maneira como um único pensamento é desenvolvido a partir de múltiplos ângulos.

Robert Lowth, um bispo anglicano do século XVIII, foi um dos primeiros a descrever o paralelismo sistematicamente, e estudiosos posteriores como Adele Berlin e Robert Alter refinaram a análise. Vários tipos comuns são geralmente distinguidos:

Paralelismo sinônimo: a segunda linha repete a primeira com variações. "Os céus proclamam a glória de Deus, e o firmamento anuncia a obra das suas mãos" (Sl 19:1).

Paralelismo antitético: a segunda linha contrasta com a primeira, aguçando o ponto. "Porque o Senhor conhece o caminho dos justos, mas o caminho dos ímpios perecerá" (Sl 1:6).

Paralelismo climático ou em degraus: a segunda linha se baseia na primeira, impulsionando o pensamento. "Tributai ao Senhor, ó famílias dos povos, tributai ao Senhor glória e força" (Sl 96:7).

Paralelismo sintético: a segunda linha acrescenta novas informações, ampliando o pensamento. "A lei do Senhor é perfeita e refrigera a alma; os decretos do Senhor são fiéis e dão sabedoria aos símplices" (Sl 19:7).

Essas categorias são heurísticas, e não rígidas, e muitos versos combinam características. Ainda assim, elas ilustram como o paralelismo funciona como o motor dos versos hebraicos.

O paralelismo faz mais do que moldar o estilo; molda o significado. A repetição permite que as ideias sejam reforçadas, aprofundadas ou matizadas. Cria um ritmo que auxilia na memorização e torna os salmos adequados para recitação e canto. O equilíbrio dos versos também reflete uma convicção teológica: a verdade não é transmitida em uma única declaração, mas sim revelada por meio de eco e variação. Dessa forma, a poesia dos salmos espelha seu tema, a realidade inesgotável de Deus, abordada de diferentes ângulos, expressa em expressões repetidas, porém novas.

Metáfora e Imagens

Se o paralelismo fornece a estrutura dos salmos, a metáfora e a imagem lhes conferem cor e força. Os Salmos usam metáforas e imagens para dar voz a conceitos teológicos de forma clara e vívida. Em vez de expressar ideias de forma analítica, eles as revestem de imagens extraídas da vida cotidiana, da natureza e da experiência humana. Essas imagens trazem o Deus invisível à tona por meio de realidades familiares, criando uma linguagem memorável e emocionalmente poderosa.

Algumas das metáforas mais duradouras descrevem Deus em termos pessoais e relacionais. Deus é um pastor que guia e protege (Sl 23:1), uma fortaleza ou rocha que proporciona segurança (Sl 18:2), um rei entronizado em majestade (Sl 47:2) ou um juiz que mantém a justiça (Sl 75:7). Cada imagem captura um aspecto do caráter divino, enquanto a variedade de metáforas resiste à redução de Deus a um único papel.

Os salmos também recorrem frequentemente a imagens da natureza. Montanhas, rios, tempestades e estrelas tornam-se veículos de louvor. O Salmo 29, por exemplo, descreve a voz do Senhor como uma tempestade que varre o Líbano, quebrando cedros e lançando chamas de fogo. A própria criação torna-se participante da adoração: "Que os rios batam palmas; que as colinas cantem juntas de alegria" (Sl 98:8). Tal personificação do mundo natural não apenas anima a poesia, mas também reforça a afirmação teológica de que toda a criação responde ao seu criador.

Outra imagem recorrente nos salmos é o Sheol, o reino sombrio dos mortos. Na cosmovisão israelita, o Sheol não era um lugar de punição ou recompensa, mas a sepultura, o submundo para onde todos os mortos ia, separados da comunidade dos vivos e do louvor ativo a Deus. Clamar: "Pois na morte não há lembrança de ti; no Sheol, quem te louvará?" (Sl 6:5) é protestar contra o fato de que a vida está se encaminhando para o silêncio e a separação. Referências a ser "retirado do Sheol" (Sl 30:3) ou salvo do "Abismo" (Sl 40:2) usam essa imagem para descrever a libertação da morte ou de experiências de quase morte. Essas metáforas davam voz às orações mais urgentes dos salmistas, expressando a convicção de que o poder de Deus se estendia até mesmo à beira da morte.

A experiência humana fornece imagens adicionais, muitas vezes em momentos de crise. Inimigos são comparados a leões destruindo a presa (Sl 7:2), a enchentes submergindo uma vítima (Sl 69:1-2) ou a caçadores armando armadilhas (Sl 124:7). Essas metáforas traduzem o medo e o perigo em imagens concretas, permitindo que os ouvintes compreendam a profundidade da angústia e a urgência da petição.

Metáforas e imagens também contribuem para a adaptabilidade dos Salmos. Por falarem em imagens universais, suas palavras podem ressoar através de culturas e séculos. Um leitor moderno pode não compartilhar o cenário histórico do salmista, mas o clamor por refúgio em uma

47

tempestade ou o conforto de um pastor permanece imediatamente acessível. Dessa forma, as imagens tanto fundamentam os salmos na vida antiga quanto permitem que eles viajem muito além dela.

Som e Estrutura

Embora o paralelismo e as imagens moldem o significado dos salmos, seu som e estrutura também desempenham um papel vital. Esses poemas não foram apenas escritos, mas também interpretados (cantados, recitados ou acompanhados por instrumentos), e sua forma literária reflete essa dimensão musical.

Uma característica estrutural marcante é o acróstico alfabético, onde cada verso ou estrofe começa com uma letra sucessiva do alfabeto hebraico. O Salmo 119 é o exemplo mais elaborado: 22 estrofes, cada uma contendo oito versos que começam com a mesma letra, movendo-se em sequência de aleph a taw. O efeito não é meramente ornamental, mas simbólico: o salmo apresenta a devoção à Torá como abrangente, abrangendo toda a gama da fala humana de A a Z. Acrósticos mais curtos, como o Salmo 145, usam o mesmo recurso para dar forma ao significado e auxiliar na memorização.

O som também contribui para a arte dos salmos. Em hebraico, frequentemente encontramos aliteração, assonância e jogos de palavras, efeitos sutis que nem sempre são visíveis na tradução. Por exemplo, o Salmo 27:1 usa a repetição de sons semelhantes para reforçar sua afirmação: "O Senhor é a minha luz e a minha salvação; de quem terei medo? O Senhor é a fortaleza da minha vida; de quem terei medo?" A recorrência de sons reforça o tom firme de confiança do salmo.

Outras características estruturais sugerem a execução dos salmos no culto. As legendas às vezes incluem notações musicais ("segundo a Corça da Aurora" [Sl. 22], "com instrumentos de corda" [Sl. 4]), sugerindo que melodias ou instrumentos específicos acompanhavam as palavras. O uso frequente de refrões, como nos Salmos 42–43 ("Por que estás abatida, ó minha alma?"), também reflete um padrão litúrgico adequado à recitação comunitária ou ao canto responsivo.

Juntos, esses elementos nos lembram que os salmos não eram textos silenciosos, mas composições vivas, moldadas tanto para o ouvido quanto para a vista. Sua estrutura os tornava memoráveis; seus sons os tornavam poderosos na execução. Mesmo quando lidos na página hoje, traços dessa qualidade musical permanecem, atraindo os leitores para o ritmo da adoração primitiva de Israel.

Leituras Atentas Representativas

O estudo do gênero e da técnica poética torna-se mais claro quando aplicado a salmos individuais. Os exemplos a seguir ilustram como a forma e a arte trabalham juntas na prática, passando do lamento à confiança, do louvor à reflexão.

Salmo 100: Um Hino de Louvor Alegre

O Salmo 100 é um exemplo breve, porém poderoso, de hino que atrai a comunidade para uma adoração exuberante. Com apenas cinco versos, ele ilustra as características clássicas do gênero: um chamado inicial ao louvor, as razões para esse louvor e uma afirmação final do caráter de Deus.

O salmo começa com um chamado abrangente: "Celebrai com júbilo ao Senhor, toda a terra. Adorai o Senhor com alegria; entrai na sua presença com cânticos" (100:1-2). Os imperativos acumulam-se em rápida sucessão, e o paralelismo reforça os chamados, com cada verso intensificando o chamado à adoração jubilosa. O escopo se estende para além de Israel, para "toda a terra", ressaltando o alcance universal da soberania de Deus.

O meio do salmo fornece a justificativa para este louvor: "Saibam que o Senhor é Deus. Foi ele quem nos fez, e somos dele; somos seu povo e ovelhas do seu pasto" (100:3). Aqui, metáforas de realeza divina e cuidado pastoral se combinam. Deus é criador e pastor, estabelecendo autoridade e intimidade ao mesmo tempo.

O salmo conclui fundamentando a adoração no caráter eterno de Deus: "Porque o Senhor é bom; a sua benignidade dura para sempre, e a sua fidelidade, de geração em geração" (100:5). O termo hebraico *ḥesed* (amor constante ou lealdade à aliança) ancora o louvor não em emoções passageiras, mas na constância do relacionamento de Deus com o povo.

O Salmo 100 demonstra como os hinos funcionam na adoração em Israel: convocam, lembram e celebram. Sua forma compacta destila a essência do louvor, orientando os adoradores para a gratidão e a confiança. O equilíbrio do salmo entre escopo universal, imagens pessoais, estrutura paralela e garantia da aliança demonstra como um hino pode reunir a comunidade e colocar sua vida diante de Deus em um cântico alegre.

Salmo 13: Um grito de lamento

O Salmo 13 é um dos exemplos mais claros de lamentação individual. Em apenas seis versos, ele apresenta a estrutura comum a muitas lamentações: queixa, petição, confiança e louvor.

O texto começa com o clamor repetido: "Até quando, Senhor?" (13:1-2). A repetição quádrupla transmite a profundidade da angústia (há quanto tempo esquecida, há quanto tempo escondida, há quanto tempo em turbulência, há quanto tempo oprimida por inimigos). Aqui, versos paralelos intensificam a queixa, e cada variação acrescenta peso ao sentimento de abandono do salmista.

O salmo então se transforma em petição: "Considera e responde-me, Senhor meu Deus; ilumina os meus olhos, para que não durma o sono da morte" (13:3). A combinação de "considera e responde" exemplifica o paralelismo sinônimo, reforçando a urgência da súplica. A imagem da luz que se esvai evoca o perigo da mortalidade, pressionando o desespero da intervenção divina.

No entanto, mesmo antes de a crise ser resolvida, o salmo muda: "Mas eu confiei no teu amor leal" (13:5). Essa expressão repentina de confiança é característica dos lamentos. A confiança não apaga a dor, mas reorienta a oração para a esperança fundamentada na lealdade à aliança com Deus.

O voto final completa o movimento: "Cantarei ao Senhor, porque me tem feito muito bem" (13:6). As orações paralelas (cantar pela generosidade de Deus) enfatizam que o louvor não surge de circunstâncias diferentes, mas da fé no caráter de Deus.

O Salmo 13 demonstra, assim, como a forma de lamentação permite a honestidade e o protesto, ao mesmo tempo em que afirma a fé. Sua brevidade acentua o contraste entre angústia e confiança, e seus versos paralelos destacam como a repetição e a variação conferem força poética à oração. A adoração de Israel abriu espaço tanto para o desespero quanto para a esperança, expressos juntos no mesmo breve salmo.

Salmo 30: Um Cântico de Libertação e Ação de Graças
O Salmo 30 é um exemplo claro de um salmo individual de ação de graças, expressando gratidão

após a libertação. A legenda o vincula à dedicação do templo, embora seu conteúdo reflita uma experiência pessoal e não comunitária. Sua estrutura ilustra o padrão típico da ação de graças: uma declaração inicial de louvor, uma lembrança do perigo e do resgate, e um compromisso renovado com o louvor.

O salmo começa assim: "Eu te exaltarei, Senhor, porque me livraste e não permitiste que os meus inimigos se alegrassem sobre mim" (30:1). A linguagem de "ser resgatado" sugere o resgate da morte iminente, que o salmista expande: "Ó Senhor, fizeste subir a minha alma do Sheol, e me restituíste à vida dentre os que desceram à cova" (30:3). A imagem aqui evoca a libertação da beira da sepultura, seja pela cura de uma doença ou pelo resgate de um perigo mortal.

No meio do caminho, o salmo muda para um discurso comunitário: "Cantem louvores ao Senhor, vocês, seus fiéis" (30:4). A gratidão se torna contagiante, atraindo outros para o ato de louvor. O conhecido contraste, "O choro pode durar uma noite, mas a alegria vem com a manhã" (30:5), captura em forma poética o movimento da angústia para a restauração.

O salmo se encerra com uma renovada ação de graças: "Transformaste o meu pranto em dança; tiraste o meu pano de saco e me vestiste de alegria" (30:11). A imagem das vestes ressalta a transformação total da tristeza em celebração. O versículo final compromete o salmista com a gratidão eterna: "Ó Senhor, meu Deus, eu te louvarei para sempre" (30:12).

O Salmo 30 ilustra, assim, como os salmos de ação de graças transformam a memória do perigo em testemunho da ação salvadora de Deus. Sua transição do perigo para a libertação e, em seguida, para o louvor, exemplifica o ritmo da fé de Israel: não apenas clamando em angústia, mas lembrando-se de agradecer quando o resgate chega.

Salmo 72: Um Ideal de Realeza

O Salmo 72 é um excelente exemplo de salmo real, expressando esperanças por um reinado justo e próspero. Embora associado em sua legenda a Salomão, o salmo funciona menos como um registro histórico do que como uma visão idealizada da realeza. Ele exemplifica como os salmos reais combinam oração, teologia e poesia para articular a compreensão de Israel sobre a monarquia.

O salmo começa com uma petição: "Ó Deus, concede ao rei a tua justiça, e a tua retidão ao filho do rei" (72:1). Este verso inicial já demonstra o paralelismo em ação, com a segunda frase intensificando a primeira. Justiça e retidão são combinadas como qualidades definidoras do governo do rei.

O corpo do salmo se desdobra em uma série de metáforas e imagens que retratam as bênçãos de uma liderança justa. O rei é comparado à chuva refrescante: "Seja ele como a chuva que cai sobre a erva ceifada, como os aguaceiros que regam a terra" (72:6). Essa imagem agrícola transmite fecundidade, abundância e renovação vivificante. Linhas paralelas se acumulam para expandir o escopo de seu reinado: de mar a mar, do Rio até os confins da terra (72:8). A visão universal contrasta com as realidades locais da monarquia de Israel, transformando o salmo em uma declaração teológica do que deve ser a realeza sob o governo de Deus.

O salmo culmina em doxologia: "Bendito seja o Senhor, Deus de Israel, que só ele faz maravilhas" (72:18). Ao concluir não com louvor ao rei, mas a Deus, o salmo enquadra a monarquia humana dentro da soberania divina.

O Salmo 72 demonstra como os salmos reais funcionavam tanto litúrgica quanto teologicamente. Eles oravam pelo reinado do rei, celebravam suas bênçãos e lembravam a Israel que a verdadeira realeza reflete a justiça de Deus. Por meio de paralelismo, metáfora e imagens expansivas, o Salmo 72 eleva a visão da monarquia a um ideal persistente, que leitores posteriores, tanto judeus quanto cristãos, interpretaram de forma messiânica e escatológica.

Salmo 23: Sabedoria e confiança no pastor

O Salmo 23 é um dos salmos mais conhecidos e queridos, e ilustra como sabedoria e confiança convergem em forma poética. Em vez de suplicar por libertação, ele expressa uma confiança serena no cuidado contínuo de Deus. Seu apelo constante reside na simplicidade de suas metáforas e no ritmo constante de seus versos paralelos.

O salmo abre com uma imagem definidora: "O Senhor é o meu pastor; nada me faltará" (23:1). Essa metáfora de pastor transmite provisão, orientação e proteção. Ela ressoa com a vida cotidiana no antigo Israel, onde o papel do pastor era liderar e defender o rebanho. A imagem é expandida em um par de versos paralelos: "Ele me faz deitar em pastos verdejantes; guia- me para águas tranquilas" (23:2). A repetição tanto amplifica a imagem de paz quanto estabelece a cadência da confiança.

À medida que o salmo se desenvolve, o pastor se torna um protetor: "Ainda que eu ande pelo vale da escuridão, não temerei mal algum, porque tu estás comigo; a tua vara e o teu cajado me consolam" (23:4). Aqui, o paralelismo reforça a segurança: o medo é neutralizado pela presença divina, e o perigo é compensado pelas ferramentas de defesa do pastor.

Nos versos finais, a imagem muda do campo para a casa: "Preparas uma mesa perante mim... unges a minha cabeça com óleo; o meu cálice transborda" (23:5). O pastor também é anfitrião, transformando a ameaça em hospitalidade. O salmo termina com a garantia de pertencimento para toda a vida: "Habitarei na casa do Senhor por toda a minha vida" (23:6).

O Salmo 23 demonstra como os salmos de sabedoria oferecem mais do que instrução; eles moldam uma perspectiva de confiança. Por meio de metáforas, paralelismos e uma transição do pasto para o banquete, ele retrata a vida vivida na presença de Deus como segura, abundante e duradoura.

Conclusão

O estudo dos gêneros e da arte poética revela os Salmos como orações cuidadosamente elaboradas que dão voz à adoração de Israel em toda a sua variedade. Eles seguem padrões reconhecíveis: hinos que convocam a criação ao louvor, lamentos com seus clamores e petições, ações de graças que recordam a libertação, salmos reais que vislumbram a realeza sob Deus e salmos de sabedoria que instruem no caminho da justiça. Essas categorias, embora não sejam rígidas, nos ajudam a ver como os Salmos estavam enraizados na vida comunitária e pessoal de Israel, abordando momentos de crise, celebração e reflexão.

Ao mesmo tempo, o poder dos salmos reside em sua arte poética. O paralelismo não apenas confere ritmo e equilíbrio, mas também transmite significado e emoção, permitindo que um único pensamento seja desdobrado, intensificado ou contrastado de maneiras memoráveis. Metáforas e imagens traduzem ideias teológicas em imagens vívidas, fundamentando a fé na linguagem da vida cotidiana e da criação. Acrósticos, refrões e jogos sonoros fornecem ordem e ressonância, moldando os salmos para memorização, recitação e canto. A combinação de gênero reconhecível e rica técnica poética explica por que esses textos puderam ser transmitidos através de gerações e culturas.

Essa amplitude não é apenas literária, mas também teológica. Gêneros e poesia moldam a maneira como os Salmos falam de Deus, do mundo e da vida humana. O próximo capítulo se voltará mais diretamente para esses temas teológicos, explorando como os Salmos imaginam Deus como criador, rei e refúgio, e como dão voz à confiança, ao protesto e à esperança.

Capítulo 4
Temas Teológicos

Os Salmos não são um sistema teológico, mas um registro de fé vivida. Eles falam de Deus, do mundo e da experiência humana não por meio de proposições, mas por meio de orações, cânticos e poesias. Em sua linguagem, a teologia é sentida tanto quanto o pensamento, expressa em confiança e medo, alegria e desespero, gratidão e raiva. Em seus 150 poemas, os Salmos exploram o que significa viver diante de Deus em todas as circunstâncias da existência.

No cerne dessa teologia está a convicção de que YHWH é rei, criador, sustentador e juiz do mundo. No entanto, essa convicção não se expressa abstratamente, mas por meio de imagens de governo, refúgio e relacionamento. Deus é um pastor que guia, uma fortaleza que abriga, um soberano que reina sobre as nações e a natureza. Essas afirmações, no entanto, coexistem com gritos de ausência e protesto. A mesma coletânea que celebra o poder divino também implora pela ajuda de um Deus que parece oculto ou silencioso.

A teologia dos Salmos é, portanto, profundamente relacional, marcada pela tensão entre a fidelidade divina e o sofrimento humano. Ela expressa a gratidão pela criação e pela aliança, mas também a angústia pela injustiça e pela perda.

Alguns salmos expressam raiva feroz e anseio por retribuição, especialmente aqueles escritos durante ou após o exílio babilônico, quando Jerusalém estava em ruínas e seu povo foi deslocado. Passagens que desejam violência contra os inimigos (como nos Salmos 58 e 137) não são ideais morais, mas expressões de trauma e protesto, onde o anseio por justiça assume sua forma mais visceral.

Subjacente a essas orações está uma antiga visão de mundo. A morte era imaginada não como uma entrada no céu ou no inferno, mas como uma descida ao Sheol (o reino sombrio do silêncio). Como a esperança estava ligada a esta vida, a urgência pela justiça de Deus era imediata. Os Salmos, portanto, revelam uma teologia que abrange tanto a exaltação quanto a indignação, afirmando que toda emoção humana pode se tornar uma forma de se dirigir a Deus.

Este capítulo explora esse alcance teológico. Começa com a representação de Deus nos Salmos como rei, criador e refúgio; volta-se para a resposta humana em lamento, confiança e protesto; e conclui com a visão da Torá, da aliança e da realeza como fundamentos da fé.

Deus como Rei, Criador e Refúgio

Entre os temas teológicos mais difundidos nos Salmos está a convicção de que YHWH reina. Deus não é uma divindade distante, mas o soberano cujo governo se estende sobre a criação, a história e o destino das nações. Essa realeza não é uma doutrina abstrata, mas uma realidade vivenciada: é cantada, celebrada e, às vezes, invocada com urgência. Os salmistas falam de Deus como entronizado acima dos dilúvios (Sl 29:10), como rei de toda a terra (Sl 47:7) e como aquele cujo reino é eterno (Sl 145:13). O governo divino é, portanto, tanto cósmico quanto moral; ele ordena o mundo natural e assegura justiça aos oprimidos.

Os chamados "salmos de entronização" (Sl 93, 96-99) exemplificam essa teologia. Cada um proclama, de maneiras variadas, o refrão: "O Senhor é rei!". Esses salmos provavelmente se originaram em ambientes litúrgicos onde a realeza de Deus era ritualmente afirmada, talvez em festivais no templo. O Salmo 93 abre com majestosa simplicidade: "O Senhor é rei, está vestido de majestade; o Senhor está vestido, está cingido de força" (93:1). As linhas paralelas refletem a estabilidade que descrevem; Deus é "vestido", depois "cingido", cada repetição reforçando a imagem de poder inabalável. O salmo prossegue contrastando a força divina com o caos dos mares: "As águas se levantaram, Senhor, as águas levantaram o seu rugido" (93:3). As águas, frequentemente símbolos de desordem, são aquietadas pela voz do rei entronizado.

Essa representação de Deus como governante cósmico conecta teologia e cosmologia. No antigo Oriente Próximo, a criação não era concebida como um evento único, mas como a manutenção contínua da ordem contra o caos. Ao afirmar que "o mundo está firmemente estabelecido; jamais será abalado" (93:1b), o salmista declara que o reinado de Deus sustenta a própria existência. A mesma ideia aparece no Salmo 96, onde a estabilidade da criação fundamenta o chamado ao louvor universal: "Alegrem-se os céus, e regozije-se a terra, ... pois ele vem julgar a terra" (96:11, 13). Aqui, a realeza divina implica responsabilidade moral; o Deus que governa a criação também a governa com justiça.

Intimamente relacionado está o tema de Deus como criador, celebrado em salmos como 8, 19 e 104. O Salmo 8 maravilha-se com o lugar da humanidade na criação: "Quando contemplo os teus céus, obra dos teus dedos, ... que são os seres humanos para que te lembres deles?" (8:3-4). A imagem do artesão divino (os "dedos" de Deus moldando o cosmos) traduz a majestade em termos íntimos e táteis. O Salmo 19, por sua vez, une criação e revelação: "Os céus anunciam a glória de Deus; e o firmamento anuncia a obra das suas mãos" (19:1). O paralelismo reforça a ideia de que a própria natureza funciona como testemunho; dia e noite tornam-se discurso. No Salmo 104, o tema expande-se em um hino panorâmico de ordem ecológica: Deus estabelece limites para os mares, fornece alimento para as criaturas e renova a face da terra. A teologia do salmista, portanto, não é especulativa (é observacional); a fé surge da experiência de um mundo vivo com a presença divina.

A realeza divina e a teologia da criação convergem no tema do refúgio. O Deus que governa o cosmos é também aquele que abriga os indivíduos. O Salmo 46 captura essa tensão dinâmica entre a convulsão cósmica e a segurança pessoal: "Deus é o nosso refúgio e fortaleza, socorro bem presente na angústia. Por isso, não temeremos, ainda que a terra se transforme" (46:1-2). O paralelismo liga a estabilidade cósmica à psicológica: mesmo que a terra trema, Deus permanece firme. O Salmo 91 desenvolve a metáfora da proteção de forma mais completa: "Ele te cobrirá com as suas penas, e debaixo das suas asas encontrarás refúgio" (91:4). A imagem de asas e sombra transforma o poder real em intimidade, sugerindo que a soberania divina se expressa não em dominação, mas em cuidado.

Essa linguagem de refúgio também se estende à comunidade. O Salmo 18 retrata Deus como "minha rocha, minha fortaleza e meu libertador", metáforas extraídas da paisagem de penhascos e fortalezas de Israel. No entanto, o mesmo salmo celebra a vitória na batalha, vinculando a proteção divina à sobrevivência nacional. Tais justaposições revelam a capacidade dos Salmos de transitar entre a experiência pessoal e a coletiva. O Deus que resgata o indivíduo é também o defensor do povo.

Intérpretes modernos como Walter Brueggemann e Patrick D. Miller enfatizaram que a realeza divina nos Salmos é tanto política quanto teológica. Proclamar "O Senhor reina" era desafiar poderes rivais, fossem divindades cananeias ou governantes imperiais. Em cenários exílicos e pós-exílicos, essa afirmação tornou-se um ato de esperança: quando a realeza terrena fracassou, somente o reinado de Deus perdurou. A linguagem de governo e refúgio, portanto, carregava consigo uma força subversiva e devocional.

Ao mesmo tempo, os Salmos retratam a realeza como um relacionamento e não como uma hierarquia. A soberania de Deus está entrelaçada com a lealdade à aliança (ḥesed) e a fidelidade (ʾĕmet). Essas qualidades, celebradas em hinos como o Salmo 100 ("seu amor leal dura para sempre"), revelam que o governo divino se baseia na confiabilidade. O rei da criação também é o cumpridor das promessas. Essa tensão entre majestade e misericórdia fundamenta a teologia dos Salmos: poder sem fidelidade inspiraria medo, mas o amor leal transforma soberania em segurança.

A imagem de Deus como criador, rei e refúgio forma, assim, uma tríade interligada. A criação estabelece o escopo do poder divino; a realeza articula sua governança; o refúgio expressa sua proximidade. Cada metáfora remodela as outras. Chamar Deus de criador é confessar dependência; chamar Deus de rei é afirmar ordem e justiça; chamar Deus de refúgio é vivenciar essa ordem pessoalmente. Juntas, elas expressam uma visão do mundo como moral e teologicamente coerente, um mundo onde a soberania divina não é distante, mas sustentadora.

No entanto, os Salmos não retratam essa ordem como ininterrupta. Os próprios salmos que afirmam a realeza de Deus também clamam quando essa realeza parece ausente ou injusta. A próxima seção se volta para esse lado humano do diálogo: a linguagem de lamento, confiança e protesto com a qual Israel lutou contra o silêncio divino e o problema do sofrimento.

Lamento, confiança e protesto humanos

Se os Salmos proclamam a realeza e a ordem criativa de Deus, eles também testemunham momentos em que essa ordem parece entrar em colapso. O lamento é a contrapartida humana da soberania divina, a linguagem da fé falada quando Deus parece ausente. Longe de ser marginal, constitui a maior categoria individual dentro do Saltério. Essas orações de angústia, medo e frustração revelam uma teologia de relacionamento: Israel não se cala no sofrimento, mas dirige sua dor a Deus.

Como mencionado anteriormente, um lamento típico segue um padrão reconhecível. Começa com uma queixa ("Até quando, Senhor?"), prossegue com uma petição ("Livra-me dos meus inimigos"), frequentemente inclui uma confissão de confiança e conclui com um voto de louvor. Essa transição da angústia para a esperança (embora nem sempre seja um movimento completo) demonstra que o lamento é, em si mesmo, um ato de fé. Queixar-se é presumir que Deus está ouvindo. Como observou Claus Westermann, o lamento é "uma ponte entre o desespero e o louvor", mantendo o adorador em tensão entre a honestidade e a esperança.

O Salmo 22 exemplifica esse paradoxo. Ele se abre com um clamor que reverbera através dos séculos: "Meu Deus, meu Deus, por que me abandonaste?" (22:1). A repetição de "meu Deus" expressa tanto alienação quanto intimidade, um relacionamento testado, mas não rompido. O salmo alterna entre a queixa ("Clamo de dia, mas não me respondes") e a lembrança da fidelidade passada ("Em ti confiaram nossos antepassados "). Essa oscilação incorpora o que Walter Brueggemann chama de desorientação: a fé deslocada pelo sofrimento, mas ainda orientada para Deus. Ao final do salmo, a confiança ressurge: "Tu me livraste dos chifres dos bois selvagens" (22:21). O lamento torna-se, assim, uma forma de realismo teológico, recusando a negação, mas resistindo ao desespero.

Alguns lamentos, no entanto, não se resolvem em louvor. O Salmo 88 termina sem consolação: "Tu fizeste com que o amigo e o vizinho se afastassem de mim; os meus companheiros estão nas trevas" (88:18). O hebraico diz literalmente: "as trevas são a minha melhor amiga". Essa conclusão ríspida não tem paralelo na literatura religiosa antiga. No entanto, sua inclusão no cânone afirma que até mesmo o silêncio de Deus pode ser trazido diante de Deus. Tais salmos expõem a profundidade da honestidade da fé: que ser fiel nem sempre é ser consolado, mas continuar falando na escuridão.

A teologia do lamento é intensificada nos salmos imprecatórios, onde a angústia se transforma em raiva e o grito de socorro se torna um apelo por vingança. Esses textos (por exemplo, Salmos 35, 58, 69, 109 e 137) estão entre os mais perturbadores da Bíblia. Eles invocam Deus para agir violentamente contra os inimigos: "Quebra os dentes da boca deles, ó Deus!" (58:6); "Felizes serão aqueles que pegarem os teus filhos e os jogarem contra a rocha!" (137:9). Lidos isoladamente, esses versos são chocantes. No entanto, dentro de seu contexto histórico, eles expressam o mundo moral e emocional de um povo que havia sofrido uma perda devastadora.

O Salmo 137, escrito após a destruição de Jerusalém e o exílio babilônico, dá voz à amargura dos deslocados: "Junto aos rios da Babilônia, ali nos assentamos e choramos, quando nos lembramos de Sião" (137:1). O salmo começa com pesar, atravessa a memória e termina com raiva. Seu desejo final de vingança não é uma ordem, mas um grito da ferida do trauma. A fúria do salmista é tanto teológica quanto emocional: se YHWH é justo, então os opressores devem ser responsabilizados. Em um mundo sem uma doutrina desenvolvida da vida após a morte, a justiça tinha que ocorrer dentro da história; a vingança era a única forma imaginável de reparação. Esses versículos, portanto, refletem a antiga convicção de que a realeza divina implica ordem moral e a dor de acreditar nessa ordem quando ela parece violada.

Leitores modernos frequentemente se opõem a tal linguagem, mas os salmos imprecatórios cumprem uma função permanente. Eles dão voz à indignação que, de outra forma, poderia se voltar para dentro ou explodir de forma destrutiva. Ao direcionar a ira para Deus, o salmista reconhece a soberania divina mesmo em fúria. Segundo a teóloga Ellen Davis, os Salmos, portanto, incentivam uma espécie de "protesto fiel", permitindo que os adoradores expressem sua indignação moral como parte de sua oração, convidando-os a trazer todas as suas experiências (mesmo as difíceis e complexas) para o seu encontro com Deus.

O lamento também está entrelaçado com a compreensão dos Salmos sobre a vida e a morte. Na antiga cosmovisão israelita, a morte não era aniquilação, mas a entrada no Sheol, um reino sombrio onde a existência continuava sem consciência ou louvor. "Pois na morte não há lembrança de ti; no Sheol, quem te louvará?" (Sl 6:5). Como os mortos não podiam adorar, a lamentação pela libertação carregava consigo uma urgência existencial: ser salvo era permanecer na esfera da vida e do relacionamento com Deus. O apelo do salmista, portanto, não é apenas por segurança, mas pela comunhão, para permanecer no reino da presença divina.

Essa teologia do lamento e da mortalidade também molda a linguagem da confiança. A confiança do salmista não é otimismo ingênuo, mas fé desafiadora em meio à incerteza. O Salmo 23 expressa essa serena segurança: "Ainda que eu ande pelo vale da escuridão, não temerei mal algum, porque tu estás comigo". Aqui, o paralelismo reforça a convicção: o medo é negado não pelas circunstâncias, mas pela companhia. Da mesma forma, o Salmo 62 declara: "Só em Deus a minha alma espera em silêncio; dele vem a minha salvação" (62:1). O silêncio, que em outros salmos sinaliza a ausência divina, torna-se aqui um ato de confiança.

A influente estrutura de Brueggemann sobre orientação, desorientação e reorientação ajuda a descrever esse movimento teológico. Salmos de orientação expressam gratidão pela ordem e pela bênção; salmos de desorientação confrontam o sofrimento e a injustiça; salmos de reorientação celebram a renovação após a crise. Esse padrão não é linear, mas cíclico, refletindo o ritmo da própria fé. A persistência do lamento na coletânea garante que a desorientação nunca seja totalmente superada; o louvor sempre carrega a memória da dor.

Em conjunto, os Salmos de lamento, confiança e protesto formam uma teologia do relacionamento. Eles insistem que a fé não silencia a emoção, mas a santifica. Lamentar é crer que o relacionamento com Deus perdura mesmo na ira; protestar é esperar que Deus permaneça justo; confiar é descansar nessa expectativa, apesar de sua demora. Os Salmos, portanto, modelam uma espiritualidade que mantém a honestidade e a esperança em tensão criativa.

Na longa história da interpretação, esses salmos foram frequentemente suavizados ou alegorizados, seus clamores transformados em metáforas para a luta espiritual. No entanto, sua crueza permanece essencial. Eles lembram aos leitores que a justiça divina, para o antigo Israel, não foi adiada para outro mundo, mas buscada neste, no espaço frágil e arriscado da história humana. Ao preservar tais vozes, o Livro dos Salmos garante que a oração nunca se desvincule da experiência. A mesma coletânea que declara "O Senhor reina" também ousa perguntar: "Por que escondes o teu rosto?" (Sl 44:24).

A próxima seção aborda os fundamentos teológicos que sustentam esse diálogo e os temas da Torá, aliança e realeza que sustentam a confiança de Israel em um Deus que tanto comanda quanto acompanha.

Torá, Aliança e Realeza

Por trás das diversas emoções e formas poéticas dos Salmos, encontra-se uma convicção unificadora: a vida com Deus é ordenada pela aliança e guiada pela Torá. Essas duas ideias (aliança e Torá) constituem a arquitetura teológica sobre a qual se baseiam o culto e a identidade de Israel. Os salmos retornam continuamente a elas, seja na celebração explícita da lei, seja na suposição mais silenciosa de que o relacionamento com Deus é, em sua essência, uma aliança.

A Torá nos Salmos não se refere simplesmente à instrução legal, mas ao ensinamento divino, à orientação para uma vida correta em harmonia com os propósitos de Deus. O salmo de abertura define o tom: "Felizes os que... têm prazer na lei do Senhor e na sua lei meditam dia e noite" (Sl 1:1-2). Essa visão, permeada pela sabedoria, apresenta a Torá como caminho e deleite, a fonte de estabilidade e fecundidade. A imagem da árvore "plantada junto a ribeiros de águas" (1:3) contrasta a vida firme dos fiéis com a transitoriedade dos ímpios. O salmo apresenta toda a coletânea como uma jornada de instrução: orar também é aprender.

O Salmo 19 aprofunda essa teologia ao unir criação e revelação. Após seu hino de abertura aos céus ("Os céus proclamam a glória de Deus"), o salmo se volta abruptamente para a Torá: "A lei do Senhor é perfeita e revigora a alma" (19:7). Essa combinação sugere que a ordem divina se revela tanto na natureza quanto nas escrituras; o mundo e a palavra, juntos, testemunham o Criador. As linhas paralelas que descrevem a Torá ("os preceitos do Senhor são retos e alegram o coração; o mandamento do Senhor é claro e ilumina os

71

olhos") unem clareza moral com alegria e vitalidade. Obediência aqui não é fardo, mas renovação.

O Salmo 119, o mais longo da coletânea, é uma meditação sustentada sobre este tema. Sua estrutura acróstica (vinte e duas estrofes seguindo o alfabeto hebraico) sinaliza totalidade: cada letra, cada aspecto da vida, é ordenado pela instrução de Deus. A linguagem do salmo é íntima e emotiva: "Lâmpada para os meus pés é a tua palavra e luz para o meu caminho" (119:105). A Torá não é simplesmente um conjunto de mandamentos, mas um meio de encontro. O ato de recitar, recordar e guardar a lei torna-se um ato de devoção.

Intimamente ligado à Torá está o tema da aliança, o relacionamento firme e recíproco de Deus com Israel. O termo hebraico *ḥesed*, frequentemente traduzido como "amor constante" ou "lealdade de aliança", aparece em todos os Salmos. Ele descreve o compromisso duradouro de Deus com o povo e, por implicação, a fidelidade esperada em troca. O Salmo 136 repete o refrão "pois o seu amor dura para sempre" vinte e seis vezes, transformando teologia em liturgia. Cada ato de criação e redenção é enquadrado como uma expressão do amor da aliança. A própria repetição realiza a fé que proclama, uma confiança renovada pela lembrança.

A Aliança também fundamenta as súplicas de Israel nos lamentos. Os salmistas apelam à *ḥesed de Deus* precisamente quando a fidelidade divina parece estar em questão: "Segundo a tua benignidade, lembra-te de mim" (Sl 25:7). Isso não é barganha, mas invocação de identidade: se Deus é quem Deus revelou ser, então a misericórdia deve seguir. Os Salmos, portanto, transformam teologia em diálogo. A aliança não elimina a possibilidade de dúvida; ela fornece a linguagem na qual a dúvida pode ser expressa.

O terceiro fio teológico entrelaçado com a Torá e a aliança é a realeza, tanto divina quanto humana. Salmos reais como 2, 72, 89 e 110 exploram esse tema de múltiplos ângulos. No antigo Israel, a realeza representava mais do que autoridade política; simbolizava a mediação do governo de Deus na Terra. O Salmo 2 retrata o rei como o ungido de Deus: "Tu és meu filho; eu hoje te gerei" (2:7). Essa linguagem filial reflete a aliança entre YHWH e a linhagem de Davi (2 Sm 7:14) e, por extensão, entre Deus e a nação. O salmo afirma a soberania divina por meio da realeza humana, mas essa relação é tensa, como atestam os salmos posteriores.

O Salmo 72 oferece uma visão de governo ideal: "Que ele defenda a causa dos pobres, liberte os necessitados e esmague o opressor" (72:4). Aqui, a realeza é definida pela justiça, não pela conquista. O rei ideal incorpora atributos divinos de retidão e compaixão. No entanto, a colocação deste salmo no final do Livro II, seguido pela nota "As orações de Davi, filho de Jessé, acabaram", sugere desilusão. O ideal permanece, mas a história não conseguiu concretizá-lo.

O Salmo 89 dá a esse fracasso sua expressão mais pungente. Ele relembra a aliança com Davi ("Estabelecerei a tua descendência para sempre" [89:4]) apenas para lamentar seu aparente colapso: "Renunciaste à aliança com o teu servo" (89:39). O salmo oscila entre a memória e o protesto, a teologia e a história. A realeza divina é afirmada, mas a realeza humana vacila. A resposta, em salmos posteriores, é uma reorientação: o foco muda do trono davídico para o governo eterno de Deus.

Essa transição reflete um importante desenvolvimento teológico dentro da coletânea. Após o exílio, com o fim da monarquia, os salmistas reimaginaram a realeza como pertencente unicamente a Deus. O refrão "O Senhor reina" nos Salmos 93-99 transforma a perda em confissão: mesmo sem um rei humano, o relacionamento de aliança de Israel perdura porque a realeza divina permanece inabalável. O colapso do poder político torna-se, assim, o contexto para uma visão teológica renovada.

Em conjunto, Torá, aliança e realeza formam uma tríade coerente de significados. A Torá revela a vontade de Deus; a aliança estabelece relacionamentos; a realeza promulga o governo e a justiça. Cada um depende dos outros. Sem a Torá, a aliança carece de direção; sem aliança, a realeza se torna tirania; sem a realeza, a Torá e a aliança perdem sua importância na história. Por meio desses temas interligados, os Salmos articulam uma teologia que é tanto moral quanto relacional, que vincula a autoridade divina à fidelidade e a responsabilidade humana ao louvor.

Intérpretes modernos frequentemente descrevem os Salmos como "teologia orada". Isso é particularmente evidente aqui. Os salmistas não raciocinam sobre a aliança; eles a relembram em cânticos. Eles não definem a Torá; eles meditam sobre ela com deleite. Eles não teorizam sobre a realeza; eles clamam ao rei que ouve. O resultado é uma teologia em movimento, uma tologia onde a crença é vivida, questionada e renovada através da adoração.

A integração desses temas também explica o poder duradouro dos Salmos. Eles falam a comunidades e indivíduos que buscam ordem em meio à mudança, justiça em meio ao fracasso e fidelidade em meio ao exílio. Sua teologia não se baseia na certeza, mas na lembrança do relacionamento. Por meio da Torá, da aliança e da realeza, os Salmos afirmam que a instrução divina, o amor inabalável e o governo justo não são doutrinas abstratas, mas os meios pelos quais Israel (e, posteriormente, seus leitores) encontram seu lugar na história de Deus.

A próxima seção reunirá esses tópicos na conclusão, considerando como a visão teológica dos Salmos mantém a diversidade e a coerência em equilíbrio criativo, e como suas orações continuam a moldar a imaginação teológica entre as tradições.

Conclusão

A teologia dos Salmos resiste à simplificação. Através de suas múltiplas vozes e contextos, eles expressam uma fé que é ao mesmo tempo confiante e questionadora, celebrativa e ferida. O que os une não é uma doutrina uniforme, mas o relacionamento, a convicção de que a vida humana, em toda a sua complexidade, se desdobra diante de Deus. Os salmistas falam a Deus como rei, criador e refúgio; eles também clamam quando esse mesmo Deus parece silencioso. Ao fazê-lo, eles modelam uma fé que é relacional em vez de sistemática, dinâmica em vez de resoluta.

A teologia dos Salmos é sustentada pela memória: da ordem da criação, da promessa da aliança, da instrução da Torá. Essas memórias possibilitam tanto o louvor quanto o protesto. Quando os salmistas celebram a realeza divina, o fazem a partir de uma história de exílio e renovação. Quando apelam ao amor inabalável de Deus (ḥesed), é porque conheceram tanto a sua presença quanto a sua ausência. Quando meditam na Torá, afirmam que a vontade divina não está oculta na abstração, mas inscrita na vida cotidiana.

Essa coerência teológica surge do diálogo. Os Salmos não falam tanto de Deus, mas sim com Deus. Sua teologia não é imposta de fora, mas descoberta no diálogo entre sofrimento e esperança, justiça e misericórdia, silêncio e canto. Dessa forma, os Salmos oferecem um mapa da teologia vivida: um mapa que transita da orientação, passando pela desorientação, até a renovação, sem apagar nenhuma etapa da jornada.

O que emerge é uma visão de fé que não é ingênua nem desesperada, uma teologia cantada, rezada e argumentada. O próximo capítulo se volta da teologia para a prática, explorando como essas orações antigas moldaram a adoração e a devoção diária na vida judaica e cristã ao longo dos séculos.

Capítulo 5
Os Salmos na Adoração e na Vida Diária

O Livro dos Salmos não é apenas lido; é cantado, recitado e vivido. Desde seu uso inicial no templo de Israel até sua presença contínua na sinagoga e na igreja, os Salmos têm funcionado como o vocabulário da adoração. Eles dão voz ao louvor e ao protesto, à confissão e à ação de graças, tornando-se a linguagem compartilhada por meio da qual as comunidades se dirigem a Deus há mais de dois milênios. A teologia, nos Salmos, nunca foi concebida para permanecer abstrata. Ela encontrou seu lar na liturgia, no canto público e na oração pessoal.

No antigo Israel, os Salmos eram parte integrante dos ritmos de adoração. Muitos eram compostos para apresentações em cultos, acompanhados por instrumentos, coros ou procissões. Sobrescritos como "ao regente do coro" ou "para a dedicação do templo" sugerem seu papel em rituais organizados. As frequentes referências dos salmistas à "casa do Senhor" e às oferendas e festivais situam esses textos em um mundo onde música e sacrifício eram atos inseparáveis de devoção. No entanto, mesmo com o desaparecimento da adoração no templo após o exílio babilônico e novamente após a destruição do Segundo Templo em 70 d.C., os Salmos perduraram. Eles se mostraram notavelmente adaptáveis, transitando da paisagem sonora do santuário para as orações faladas no lar e na sinagoga.

Na tradição judaica, os Salmos tornaram-se a estrutura da oração diária. Recitados nos cultos da manhã e da noite, moldavam o ritmo espiritual da vida. Certos salmos (como o 145, conhecido como *Ashrei)* tornaram-se fixos na liturgia, enquanto outros eram escolhidos para ocasiões ou necessidades específicas. Sua adaptabilidade permitiu que cumprissem múltiplas funções: canto, meditação, lamento ou proteção. As palavras do salmista tornaram-se próprias da comunidade.

Na tradição cristã, os Salmos também constituíram a espinha dorsal da adoração. Citados em todo o Novo Testamento e cantados nas primeiras assembleias, tornaram-se o fundamento da oração monástica, a fonte do canto medieval e a fonte dos hinos da Reforma. Ao longo dos séculos e das confissões, os Salmos moldaram não apenas a forma como as pessoas oram, mas também a forma como elas imagina a própria fé.

Este capítulo traça essa história de continuidade e mudança: desde as raízes dos Salmos na vida cultual de Israel até sua reinvenção na sinagoga, na igreja e na devoção privada. Ao fazê-lo, explora como esses poemas permaneceram palavras vivas, moldando corações e crenças, e unindo gerações em um ritmo compartilhado de adoração e reflexão.

Os Salmos na Adoração Israelita Antiga

As origens dos Salmos estão profundamente ligadas à vida de adoração do antigo Israel. Antes de serem reunidos em um livro, muitos desses poemas foram compostos para apresentação pública no santuário do Templo. Os Salmos não eram simplesmente meditações pessoais posteriormente adaptadas para o culto; eram, em muitos casos, produtos do culto, moldados pelos sons, gestos e símbolos do ritual do templo. Lê-los é ouvir a liturgia de uma fé viva, com vozes elevadas em cânticos, sacrifícios oferecidos, instrumentos tocados e a comunidade reunida diante de seu Deus.

O Templo como Centro de Adoração

No coração deste mundo estava o templo em Jerusalém, o ponto focal da identidade religiosa e política de Israel. Os Salmos frequentemente se referem à "casa do Senhor", "seu santo monte" ou "os átrios do nosso Deus" (Sl 24:3; 65:4; 84:2). Estas não são metáforas, mas referências a um cenário concreto, o complexo monumental que a tradição afirma ter sido construído por Salomão e posteriormente reconstruído após o exílio. O templo foi concebido como o ponto de encontro entre o céu e a terra, a morada da presença de Deus (*šekinah*) entre o povo. Era tanto santuário quanto palco, um lugar onde a comunidade encenava seu relacionamento com YHWH por meio de rituais, sacrifícios e cânticos.

A adoração, nesse contexto, era multissensorial. O som de trombetas, címbalos, liras e harpas acompanhava os sacrifícios; o aroma das ofertas queimadas misturava-se ao incenso; procissões percorriam os pátios do templo. Os Salmos refletem essa paisagem sensorial. O Salmo 150 clama por "som de trombeta", "alaúde e harpa" e "címbalos ruidosos e retumbantes", um crescendo de instrumentos simbolizando o louvor total. O Salmo 68 retrata Deus "cavalgando sobre as nuvens" enquanto cantores e músicos conduzem a procissão para o santuário. Tais descrições não são apenas embelezamento poético, mas ecos da realidade cultual.

A fumaça ascendente dos sacrifícios acrescentava outra dimensão sensorial. Textos levíticos descrevem o holocausto como algo que produzia "um aroma agradável ao Senhor" (Lv 1:9), expressão recorrente nos escritos sacerdotais. Na compreensão de Israel, isso não era a alimentação de um deus, mas um sinal de aceitação divina, com a fragrância simbolizando a ascensão da oferta e o relacionamento restaurado do adorador com Deus. Os Salmos ecoam essa imagem quando falam de orações subindo "como incenso" diante de Deus (Sl 141:2), unindo o físico e o espiritual em um único ato de devoção.

Música, Coros e Papéis Litúrgicos

A vida musical do templo era sustentada por guildas profissionais de cantores e músicos, frequentemente referidas nas inscrições dos Salmos como "filhos de Corá" ou "Asafe". Crônicas e outras fontes bíblicas descrevem esses grupos como funcionários hereditários do templo, organizados para executar salmos durante sacrifícios e festivais (1 Crônicas 15-16, 25). Os coros podem ter se alternado antifonalmente, dando origem ao paralelismo e aos padrões de chamada e resposta característicos dos Salmos. A frase "ao mestre do coro" (*lamnatsēaḥ*), encontrada em muitos títulos, sugere tanto um diretor musical quanto uma liturgia organizada.

Essa performance estruturada ressalta que o culto em Israel não era espontâneo, mas ritualizado. Certos salmos parecem ter sido vinculados a ocasiões específicas: liturgias de entrada para peregrinos que se aproximavam do santuário (Sl 24), ofertas de agradecimento pela libertação (Sl 116), cerimônias de entronização real (Sl 2, 72, 110) ou festivais que celebravam a realeza divina (Sl 93, 96-99). Cada contexto moldavo o significado do texto, situando as palavras em gestos, sacrifícios e participação comunitária.

Sacrifício e Louvor

Central ao culto de Israel era a oferta de sacrifícios (holocaustos, ofertas de cereais, ofertas pacíficas e ofertas pelo pecado) prescritos na Torá como meio de manter um relacionamento de aliança. Os Salmos pressupõem este mundo, mas também refletem sobre seu significado. O sacrifício não era uma transação mecânica, mas uma expressão simbólica de devoção, ação de graças ou expiação. O Salmo 50 captura essa tensão com clareza impressionante. Deus fala: "Não aceitarei nenhum novilho da tua casa, nem bodes dos teus currais. ... Oferece a Deus um sacrifício de ação de graças e paga os teus votos ao Altíssimo" (50:9, 14). Aqui, o ritual é afirmado, mas reinterpretado: a verdadeira oferta é gratidão e obediência.

Essa redefinição do sacrifício é recorrente em toda a coletânea. O Salmo 51, tradicionalmente associado ao arrependimento de Davi, suplica: "Tu não te deleitas em sacrifícios; ... O sacrifício aceitável a Deus é o espírito quebrantado" (51:16-17). O salmo não rejeita o sistema de culto, mas o internaliza, transferindo a ênfase do ritual externo para a disposição interior. Tal reinterpretação provavelmente reflete a reflexão pós-exílica, quando o templo foi destruído e o culto sacrificial foi interrompido. Os Salmos, portanto, preservam tanto a memória do sacrifício quanto sua transformação em oração.

No entanto, no período do Primeiro Templo (aproximadamente 960–586 a.C.), o sacrifício permaneceu central. Ele estruturava os ritmos diários de adoração com oferendas matinais e vespertinas acompanhadas de música e salmodia (cf. Sl 141:2). Em grandes festivais, a escala se intensificava: na Páscoa (comemorando a libertação de Israel do Egito), na Festa das Semanas (marcando a colheita antecipada e posteriormente associada à entrega da Torá) e na Festa dos Tabernáculos (celebrando a jornada pelo deserto e a provisão divina), grandes coros e conjuntos instrumentais executavam salmos enquanto peregrinos se reuniam de todas as partes do país. O Salmo 84 captura o anseio do peregrino: "A minha alma anseia, desfalece pelos átrios do Senhor; ... Felizes os que habitam na tua casa, e cantam sempre o teu louvor" (84:2, 4).

O Encontro de Liturgia e Teologia

No culto do templo, a adoração não era meramente um ato humano, mas uma reconstituição da ordem divina. Quando a comunidade cantava sobre a realeza ou a criação de Deus, afirmava que a estabilidade do mundo dependia da soberania divina renovada pelo louvor. O templo funcionava, portanto, como um microcosmo da criação, onde a música e o sacrifício mantinham a harmonia entre o céu e a terra. Essa teologia está subjacente a muitos salmos de entronização e ação de graças, nos quais imagens cósmicas se misturam à linguagem ritual. Louvar a Deus era participar da sustentação do mundo.

A estreita ligação entre sacrifício e cântico também moldou a compreensão de Israel sobre expiação e ação de graças. Na *todah* (oferta de gratidão), uma pessoa liberta de um perigo trazia uma oferenda de animal ou de cereais, acompanhada de um testemunho público de gratidão, o provável cenário para muitos salmos de ação de graças (como o Sl 30 ou 116). A história de resgate do indivíduo tornou-se parte do culto comunitário, integrando a experiência pessoal à memória nacional.

Com o tempo, essa fusão de ritual e poesia permitiu que os Salmos transcendessem o próprio templo. Quando o sacrifício físico não era mais possível, a recitação de salmos tornou-se seu substituto. A oração era descrita como "os bezerros dos nossos lábios" (Oséias 14:2), como uma oferta de palavras em lugar de animais. Essa espiritualização do sacrifício garantiu a sobrevivência do culto de Israel além da destruição do templo.

Do Culto ao Cânone

A preservação dos Salmos na forma escrita reflete essa transição da execução para a escritura. O que antes era cantado em momentos litúrgicos específicos foi eventualmente reunido, editado e canonizado como o registro duradouro do culto de Israel. A transição da oralidade para a escrita, do culto para o canônico, não diminuiu sua vitalidade; pelo contrário, a estendeu. Os salmos continuaram a funcionar como liturgia viva, primeiro no Segundo Templo, depois na sinagoga e, mais tarde, na igreja.

Essa história nos lembra que os Salmos são tanto poesia quanto memória ritual. Eles carregam vestígios dos instrumentos, sacrifícios e procissões que os deram vida. Sua linguagem de oferendas e louvores, de pátios de templos e do monte sagrado, não é um floreio metafórico, mas o resíduo de um mundo em que a teologia era cantada, não falada.

A próxima seção explorará como essa teologia cantada foi reinventada na prática judaica posterior, à medida que os Salmos passaram do santuário para a sinagoga e do sacrifício para a oração falada, tornando-se a espinha dorsal da liturgia judaica e da devoção diária.

Os Salmos na Oração e Tradição Judaica

Quando o templo de Jerusalém foi destruído em 586 a.C., o culto em Israel enfrentou uma crise profunda. O centro do sacrifício, da música e da peregrinação desapareceu, e com ele o cenário público para grande parte da execução original dos Salmos. No entanto, em vez de desaparecer, o uso dos Salmos se adaptou. Seu caráter poético e musical os tornou portáteis; podiam ser rezados em qualquer lugar. No exílio e depois, eles se tornaram a ponte entre o ritual do templo e a vida emergente da sinagoga.

Do Templo à Sinagoga

Durante o exílio babilônico e os séculos que se seguiram, os Salmos foram gradualmente recontextualizados para um mundo sem sacrifícios. A oração e o estudo da Torá substituíram as oferendas, e a recitação dos salmos tornou-se um ato principal de devoção. A sinagoga, que começou como uma assembleia para leitura e oração, baseou-se fortemente na linguagem salmística para moldar sua liturgia. Muitos salmos que antes acompanhavam atos rituais eram agora recitados como orações por direito próprio.

Durante o período do Segundo Templo (516 a.C. – 70 d.C.), o canto e a recitação de salmos tornaram-se parte integrante do culto judaico. Josefo descreve os coros levíticos continuando a se apresentar no templo, enquanto comunidades em outros lugares (especialmente na *diáspora)* adotaram a leitura de salmos como um substituto para a participação direta nos ritos do templo. Os Manuscritos do Mar Morto, particularmente o *Rolo dos Salmos* (11QPs [a]), mostram que os Salmos estavam sendo copiados, reorganizados e suplementados de maneiras que refletem o uso litúrgico ativo. Para grupos como a comunidade de Qumran, os Salmos não eram apenas escrituras, mas também um modelo para a composição de novos hinos. Essa reutilização criativa indica o quão profundamente o livro havia penetrado no imaginário religioso judaico.

Os Salmos no Ciclo Diário de Oração

Com o tempo, salmos específicos passaram a ser associados aos momentos regulares de oração. As recitações matinais e vespertinas baseavam-se em textos que falavam do amanhecer e do anoitecer (por exemplo, Sl 3, 4, 5, 63, 91). O Salmo 92, intitulado "para o dia de sábado", era cantado semanalmente no culto no templo e, mais tarde, incorporado à liturgia do sábado na sinagoga, prática que continua no culto judaico até hoje. A recitação dos salmos, portanto, estruturava o tempo, marcando o ritmo de cada dia e semana com uma linguagem de louvor, confiança e lembrança.

Entre os exemplos mais proeminentes está o Salmo 145, conhecido por sua palavra inicial *Ashrei* ("Felizes são eles..."). Este hino acróstico de louvor, exaltando a bondade e a compaixão de Deus, tornou-se um elemento fixo das orações da manhã e da tarde. Seu verso final, "O Senhor está perto de todos os que o invocam em verdade" (145:18), captura a teologia que tornou a oração salmística indispensável: a proximidade com Deus não dependia mais do templo, mas do ato de invocar o nome de Deus.

Outro importante agrupamento litúrgico é o Hallel (Sl 113-118), recitado durante as grandes festas de peregrinação da Páscoa, das Semanas e dos Tabernáculos, e posteriormente no Hanukkah e na lua nova. Esses salmos celebram a libertação de Israel por Deus, passando da lembrança do êxodo à ação de graças pela proteção contínua. Seus repetidos chamados de *hallelu-Yah* ("louvai ao Senhor") os tornaram ideais para cânticos comunitários, e permanecem entre os textos mais familiares da oração judaica.

Salmos de Proteção, Cura e Piedade Pessoal

Além do culto público, os Salmos também se tornaram parte da devoção pessoal. Sua forma poética, brevidade e alcance emocional os tornavam adequados para recitação privada em momentos de necessidade. Certos salmos eram associados a propósitos específicos: o Salmo 91 para proteção contra perigos, o Salmo 121 para viagens, o Salmo 30 para recuperação de doenças e o Salmo 51 para arrependimento. Manuscritos, amuletos e inscrições do final do Segundo Templo e do início do período rabínico mostram que os salmos eram às vezes escritos ou carregados como textos de proteção, um uso apotropaico (isto é, de proteção contra danos) que obscurecia a fronteira entre oração e talismã.

A literatura rabínica atesta essa flexibilidade devocional. O Talmude registra salmos usados para conforto em casos de doença e luto, e o Midrash sobre os Salmos (*Midrash Tehilim*) os interpreta como instrução moral e teológica. Os Salmos tornaram-se, assim, tanto livro de orações quanto mestre, moldando não apenas o ritual, mas também a reflexão ética. O ideal rabínico de *kavanah,* a intenção sincera na oração, ressoava com o discurso direto e pessoal dos salmistas a Deus.

Salmos e a formação do Sidur

À medida que a liturgia judaica se desenvolveu, particularmente após a destruição do Segundo Templo em 70 d.C., material salmista foi incorporado ao sidur (livro de orações) que surgia. Os Salmos forneciam o vocabulário para bênçãos, doxologias e hinos ao longo do serviço. O Salmo 95 abre a liturgia do Kabbalat Shabat ("Acolhimento ao Shabat"); os Salmos 145–150 formam a sequência culminante do serviço matinal; e versos dos Salmos aparecem na Amidá e no Kadish. Sua linguagem de louvor e confiança oferecia a estrutura para se aproximar de Deus em oração estruturada.

Nesse período, a teologia dos Salmos sofreu uma sutil mudança. Enquanto o culto no templo enfatizava a presença divina em um único local, a recitação na sinagoga enfatizava a acessibilidade de Deus em qualquer lugar. As palavras do salmista tornaram-se um meio de adentrar o tempo sagrado em vez do espaço sagrado. A recitação era, em si mesma, uma forma de oferta, um "sacrifício dos lábios" (Os 14:2).

Memória, Identidade e Exílio

A persistência dos Salmos na vida judaica deve muito ao seu papel na sustentação da identidade em meio ao deslocamento. No exílio, o ato de recitar salmos manteve viva a memória de Sião e a esperança de restauração. O Salmo 137, que lamenta: "Como cantaremos o cântico do Senhor em terra estrangeira?" (137:4), paradoxalmente tornou-se o cântico dos exilados. Sua preservação dentro do cânone garantiu que a experiência da perda se tornasse parte do culto contínuo. Por meio da repetição, os Salmos transformaram a memória em ritual, uma forma de manter a fé viva ao longo de séculos de dispersão.

Os Salmos como Escritura Viva

Na Antiguidade Tardia, os Salmos ocupavam uma posição única na tradição judaica: eram a parte mais frequentemente recitada das escrituras e a mais profundamente internalizada. Sua linguagem poética os tornava adaptáveis a novos contextos; sua amplitude teológica permitia que expressassem todas as condições humanas. Eram cantados em comunidade na sinagoga, sussurrados em particular em casa e estudados como instrução moral. Poucos outros textos bíblicos combinaram essas funções com tanta perfeição.

A durabilidade dos Salmos reside nessa fusão de público e pessoal, forma fixa e significado espontâneo. Eles se tornaram o cerne da oração judaica não porque ofereciam certeza doutrinária, mas porque forneciam palavras para todas as circunstâncias (gratidão e tristeza, alegria e protesto, anseio e paz). Por meio deles, gerações de adoradores aprenderam a falar com Deus em continuidade com as vozes de seus ancestrais.

A próxima seção se volta para a tradição cristã, onde os Salmos também se tornaram fundamentais: traduzidos, cantados e reinterpretados em orações monásticas, cantos medievais e canções da Reforma. Embora os cenários tenham mudado, a convicção permaneceu a mesma: a de que esses poemas antigos ainda podiam dar voz à fé.

Os Salmos na Adoração e Devoção Cristã

Os Salmos passaram para a tradição cristã como escritura herdada e como oração viva. Os primeiros cristãos, sendo judeus, já sabiam os Salmos de cor e os utilizavam no culto. O próprio Novo Testamento cita ou faz alusão aos Salmos mais do que a qualquer outro livro da Bíblia Hebraica, interpretando-os à luz da vida, morte e ressurreição de Jesus. A partir desses primórdios, os Salmos se tornaram a pulsação central do culto cristão, moldando sua oração, teologia e música por quase dois milênios.

Os Salmos no Novo Testamento e na Igreja Primitiva

Para os primeiros cristãos, os Salmos não foram substituídos por novas composições, mas relidos como proféticos e cristológicos. O clamor de Jesus na cruz: "Meu Deus, meu Deus, por que me abandonaste?" (Marcos 15:34; Mateus 27:46), cita o Salmo 22, identificando seu sofrimento com o lamento do salmista. A igreja primitiva interpretava tais momentos como cumprimentos das Escrituras: o justo sofredor dos Salmos prefigurava o Cristo crucificado. Da mesma forma, o Salmo 110 ("Disse o Senhor ao meu Senhor: 'Senta-te à minha direita...'") era lido como uma antecipação da exaltação de Cristo.

O livro de Atos descreve os apóstolos orando em linguagem salmista e citando os Salmos para interpretar os eventos. A traição de Judas, por exemplo, é lida através do Salmo 69 ("Torne-se desolada a sua morada", 69:25), onde o clamor do salmista contra a traição é reinterpretado como profético. Para a igreja primitiva, tais citações confirmavam que até mesmo atos de traição e perda estavam dentro do plano divino, transformando o lamento em revelação (Atos 1:20). A Carta aos Hebreus também constrói grande parte de sua argumentação em citações salmísticas, citando passagens como o Salmo 2 ("Tu és meu Filho; hoje te gerei") e o Salmo 110 ("Tu és sacerdote para sempre, segundo a ordem de Melquisedeque") para apresentar Jesus como Filho divino e sumo sacerdote eterno. Tal uso dos Salmos demonstra quão profundamente a coletânea penetrou na imaginação e na teologia cristãs primitivas. Os Salmos forneceram um vocabulário para adoração, teologia e missão, um recurso bíblico já adaptado tanto ao louvor quanto ao sofrimento.

Nos séculos II e III, padres da Igreja como Atanásio, Orígenes e Agostinho escreviam comentários sobre os Salmos. Atanásio os descreveu como um "espelho da alma": neles, disse ele, cada crente encontra as palavras adequadas a cada condição de vida. O livro *Enarrationes in Psalmos, de Agostinho,* os interpretou como a voz de Cristo e da Igreja, como Cristo orando em seus membros, a Igreja orando em Cristo. Essa dupla leitura permitiu aos cristãos reivindicarem continuidade com as escrituras de Israel, ao mesmo tempo em que encontravam nelas um novo significado.

O Saltério Monástico

A expressão mais duradoura do envolvimento cristão com os Salmos veio através do movimento monástico. No século IV, com a formação de comunidades monásticas no Egito e no Oriente Próximo, a recitação de salmos tornou-se sua disciplina central. Os Salmos não eram apenas cantados, mas também memorizados; eles ordenavam o dia e estruturavam a vida espiritual.

A *Regra de São Bento* (c. 530 d.C.) codificou essa prática para o monaquismo ocidental. Bento instruiu que todo o Saltério fosse recitado semanalmente, um ritmo exigente que moldou a espiritualidade monástica por séculos. Os Salmos tornaram-se, assim, a oração contínua da igreja, ecoando pelos claustros dia e noite. Cada uma das horas canônicas (Matinas, Laudes, Prima, Terça, Sexta, Nona, Vésperas e Completas) era ancorada pela salmodia. A repetição dos Salmos não era uma recitação mecânica, mas uma disciplina de formação: por meio da exposição constante, os monges internalizavam as escrituras até que elas moldassem sua vida interior e sua fala.

Nesse contexto monástico, os Salmos eram vivenciados tanto como escritura quanto como canto. Eram cantados em latim, frequentemente nos modos musicais que evoluíram para o canto gregoriano. A melodia fluente do canto, seguindo o ritmo da poesia hebraica, permitia que o texto fosse inteligível e meditativo. Essa fusão de música e escritura deu origem a uma forma distinta de arte cristã, que unia a reflexão teológica à devoção estética.

Tradições medievais e vernáculas

Ao longo da Idade Média, os Salmos permaneceram a espinha dorsal da liturgia da Igreja. Cada Missa incluía elementos salmísticos: o Intróito (o canto de entrada que abria o serviço), o Gradual (um salmo cantado entre as leituras) e o Ofertório (cantado durante a apresentação das oferendas) eram todos extraídos de textos salmísticos. O Ofício Divino diário (o ciclo de orações recitadas em horários fixos ao longo do dia) também girava em torno de sua recitação contínua. Saltérios iluminados, manuscritos ricamente decorados contendo o texto dos Salmos, frequentemente com comentários, notação musical e ilustrações em miniatura, tornaram-se livros devocionais valiosos, usados tanto por monges quanto por leigos para oração e meditação.

Os Salmos também moldaram a teologia e a imaginação cristãs. Escritores medievais recorreram à imagem salmista para expressar o anseio por Deus, a luta contra o pecado e a esperança de redenção. O Salmo 42 ("Como a corça anseia por ribeiros de águas") inspirou a reflexão mística sobre o desejo de união divina. O Salmo 51, o grande salmo penitencial, tornou-se central na prática confessional e na devoção quaresmal.

Com a disseminação da alfabetização, os Salmos estiveram entre os primeiros textos bíblicos traduzidos para a oração privada. Na Inglaterra, *o Livro das Horas* comumente começava com os "Sete Salmos Penitenciais" (6, 32, 38, 51, 102, 130, 143), que guiavam os leitores através da confissão e do arrependimento. Dessa forma, a linguagem salmística entrou no vernáculo muito antes de traduções completas da Bíblia estarem disponíveis.

A Reforma e a Salmodia Vernácula

O século XVI trouxe uma nova fase na história cristã dos Salmos. Reformadores como Martinho Lutero e João Calvino mantiveram os Salmos como o cerne do culto, mas insistiram que fossem cantados na língua do povo. Lutero, que chamou os Salmos de "uma pequena Bíblia", produziu paráfrases em alemão e musicou várias delas. O *Saltério de Genebra de Calvino* (1562) forneceu traduções métricas de todos os 150 salmos para o canto congregacional, com melodias simples e acessíveis ao público em geral.

Esta salmodia vernacular moldou profundamente a devoção protestante. Na tradição reformada, congregações inteiras cantavam os Salmos semanalmente; em ambientes luteranos, paráfrases de salmos tornaram-se alguns dos primeiros hinos. A primeira edição do *Livro de Oração Comum Anglicano* (1549) organizou os

Salmos para recitação mensal, garantindo que todos os paroquianos os encontrassem regularmente. Por meio dessas traduções e composições musicais, os Salmos tornaram-se parte do tecido cultural e linguístico da Europa.

Os Salmos como Oração Pessoal

Paralelamente à liturgia pública, os Salmos nutriam a devoção privada. Em mosteiros, catedrais e lares, as pessoas recorriam aos Salmos como companheiros de oração. Sua gama de emoções, lamentos, alegrias, confiança, raiva e esperança davam voz às complexidades da fé. A observação de Agostinho de que "o salmista fala por todos nós" ressoou profundamente.

Esse uso pessoal dos Salmos persistiu em todas as denominações confessionais. Místicos católicos, reformadores protestantes e, mais tarde, pietistas encontraram neles palavras para intimidade com Deus. A confiança do Salmo 23, o arrependimento do Salmo 51 e a certeza do Salmo 121 eram recitados em tempos de necessidade. Os Salmos também forneciam linguagem para a morte e o morrer: manuais de oração medievais e da Reforma prescreviam salmos específicos para os doentes e moribundos, afirmando a continuidade entre o culto comunitário e o individual.

Os Salmos como uma ponte entre tradições

Ao longo dos séculos, os Salmos serviram de ponte entre o culto judaico e o cristão. Ambas as tradições leem e cantam os mesmos textos, embora com diferentes interpretações e expressões musicais. Em ambos, os Salmos sustentam o ritmo da oração diária e articulam toda a gama da resposta humana a Deus. Essa herança compartilhada tem sido frequentemente um ponto de encontro no diálogo inter-religioso, um lembrete de que, antes das divisões teológicas, havia uma linguagem comum de louvor e lamentação.

A persistência dos Salmos no culto cristão reside, portanto, não apenas em sua antiguidade, mas também em sua adaptabilidade. Sejam cantados em latim, dispostos em rima métrica para o canto congregacional ou rezados silenciosamente em tradução, eles continuam a expressar a essência do culto: o encontro da voz humana com a presença divina. Ao longo de séculos de mudanças teológicas, eles permaneceram o hinário da Igreja, não uma relíquia do passado, mas um ritmo vivo de fé.

Devoção Privada e Memorização

Se o templo foi o lar original dos Salmos, e a sinagoga e a igreja, seu palco público, a esfera final de sua influência tem sido o coração privado. Ao longo da história judaica e cristã, os Salmos não foram apenas recitados no culto comunitário, mas internalizados por meio da memorização e usados como companheiros na solidão, no estudo e na contemplação. Sua portabilidade (linguística, emocional e teológica) permitiu que atravessassem fronteiras de contexto e circunstância, encontrando um lar no ritmo da vida cotidiana.

Os Salmos no Lar

Desde muito cedo, a recitação de salmos foi incorporada à prática doméstica. Na tradição judaica, as famílias recitavam salmos juntas durante as refeições, nos sábados e durante as festas. O Hallel (Sl 113-118) era cantado nas casas durante a Páscoa, e os salmos de ascensão (Sl 120-134) acompanhavam as peregrinações a Jerusalém. Essa integração das escrituras com a vida cotidiana fez dos Salmos não meros textos de adoração, mas de identidade, uma linguagem que moldava a cadência da experiência cotidiana.

O ambiente doméstico também se tornou uma escola de memória. As crianças aprendiam salmos como parte da instrução religiosa inicial, aprendendo não apenas as palavras, mas também as atitudes de reverência e confiança que elas transmitiam. A literatura rabínica registra que os jovens estudantes iniciavam sua educação com o Livro do Levítico e os Salmos, por serem textos de pureza e louvor. Memorizar salmos tornou-se, assim, um ato formativo, inscrevendo os ritmos da oração na memória muito antes da popularização da alfabetização.

Nos séculos seguintes, lares cristãos adotaram práticas semelhantes. Os Salmos eram usados para a oração familiar, especialmente pela manhã e à noite, e versículos eram ensinados às crianças como instrução moral e conforto. O Salmo 23, com sua imagem do pastor e do vale da sombra, estava entre os mais frequentemente aprendidos de cor. O resultado foi um vocabulário espiritual comum, compartilhado por gerações.

Memorização como Formação

Tanto no contexto judaico quanto no cristão, a memorização dos Salmos não era meramente um exercício educacional, mas uma forma de formação espiritual. Memorizar os Salmos significava permitir que suas palavras habitassem a consciência, prontas para vir à tona em momentos de alegria, medo ou necessidade. Os Salmos tornaram-se, assim, o que Agostinho chamou de *cibus cordis*, "alimento para o coração".

A cultura monástica desenvolveu essa ideia como disciplina. Os noviços eram obrigados a decorar grandes trechos dos Salmos; alguns conseguiam recitar todos os 150 de cor. A repetição do texto, dia após dia, não tinha a intenção de impressionar, mas de transformar e substituir a fala egocêntrica pela fala bíblica. Quando a Regra de Bento prescreveu a recitação semanal de todo o Saltério, foi porque os Salmos eram entendidos como a linguagem por meio da qual a alma aprendia a orar.

Fora dos muros monásticos, a memorização servia a um propósito semelhante. Em tempos de perseguição ou exílio, quando os livros eram escassos ou proibidos, os fiéis confiavam no que haviam armazenado na memória. Os Salmos, curtos, rítmicos e emocionalmente diretos, eram particularmente adequados para essa preservação oral. Dessa forma, funcionavam como escritura e sobrevivência, recursos carregados na mente quando os textos escritos não podiam ser carregados na mão.

Salmos do Coração

A devoção pessoal aos Salmos frequentemente assumia a forma de leitura meditativa, uma prática que os escritores medievais descreviam como *ruminatio* (literalmente, "ruminar"). Recitar um salmo lentamente, repetindo suas frases, era saborear seu significado e deixar que ele moldasse os afetos. O objetivo não era a análise, mas o encontro.

Esse uso contemplativo dos Salmos produziu uma literatura devocional duradoura. Na Idade Média, figuras como Anselmo de Cantuária e Bernardo de Claraval usavam a linguagem salmista em suas orações, mesclando petição, reflexão e louvor. O Salmo 139, com seu retrato íntimo do conhecimento divino ("Ó Senhor, tu me sondaste e me conheceste"), era frequentemente escolhido para meditação sobre autoexame. O Salmo 51, a grande confissão de pecado, tornou-se o modelo para a oração penitencial, enquanto a sede por Deus do Salmo 63 ("Minha alma tem sede de ti, minha carne desfalece por ti") expressava o anseio místico por união.

Nos séculos seguintes, escritores devocionais de diversas tradições continuaram essa prática. Os Salmos eram lidos não apenas para conforto, mas também como espelhos para reflexão moral. Os salmos imprecatórios, com seus clamores ferozes por justiça, eram reinterpretados interiormente: os inimigos a serem destruídos eram os vícios da alma. Essa leitura alegórica permitia a apropriação de toda a gama de emoções salmísticas sem negar sua complexidade moral.

Os Salmos no Sofrimento e na Morte

Poucos textos bíblicos acompanharam o sofrimento humano com tanta persistência quanto os Salmos. Sua honestidade inabalável diante do desespero e da perda os tornou indispensáveis em momentos de crise. Na tradição judaica, salmos como 23, 91 e 121 são recitados em funerais e sepulturas, afirmando a confiança na proteção de Deus mesmo na morte. O Kaddish, embora não seja extraído dos Salmos, ecoa sua cadência de louvor em meio ao luto.

Na prática cristã, os Salmos também formaram a linguagem do lamento e da consolação. *O Ofício dos Mortos*, recitado pelos falecidos, é composto em grande parte por versos de salmos; o Salmo 130 ("Das profundezas clamo a ti, Senhor") tornou-se a oração arquetípica de penitência e esperança. O hábito de recitar salmos pelos moribundos persistiu até os tempos modernos, com suas palavras familiares oferecendo estrutura e consolo quando outras palavras falhavam.

Tal uso dos Salmos no sofrimento reflete seu equilíbrio teológico singular: eles permitem protesto sem irreverência e esperança sem negação. Eles dão voz à fé em situações extremas, uma fé que perdura precisamente porque consegue expressar suas dúvidas em voz alta.

Salmos no Mundo Moderno

Mesmo na era da mídia impressa e digital, a prática milenar de memorizar e recitar salmos não desapareceu. Muitas comunidades judaicas e cristãs contemporâneas mantêm leituras diárias ou semanais de salmos; outras usam versos de salmos em formas musicais ou meditativas. A adaptabilidade dos Salmos continua: eles aparecem em obras corais, diários pessoais e até mesmo em poesia secular. A linguagem dos Salmos do Rei Jaime, em particular, entrou no vocabulário moral e emocional das culturas de língua inglesa, moldando expressões idiomáticas e metáforas muito além do contexto religioso.

Os Salmos também continuam a servir a propósitos inter-religiosos e ecumênicos. A recitação compartilhada tornou-se um símbolo de unidade, particularmente em tempos de tragédia ou de lembrança. Sejam cantados em hebraico, em latim ou lidos silenciosamente em tradução, os Salmos continuam capazes de reunir diversas vozes em um único ato de reflexão e solidariedade.

Palavra e Memória

A história dos Salmos na devoção privada e na memorização revela sua extraordinária adaptabilidade. Começaram como cânticos do templo, mas sua portabilidade os tornou cânticos do coração. Seu ritmo auxilia a memória; sua profundidade emocional sustenta a oração; sua linguagem conecta a experiência pessoal à fé coletiva. Memorizar um salmo é participar de uma conversa que atravessa gerações, uma conversa que conecta o adorador aos cantores de Israel, aos monges do deserto e a todos que já transformaram a linguagem em oração.

Nesse sentido, os Salmos não são meros textos para serem estudados ou praticados, mas palavras para serem vividas. Eles continuam a ensinar, confortar e transformar, precisamente porque são aprendidos de cor em ambos os sentidos da palavra, memorizados e absorvidos pela vida da alma.

Conclusão

A história dos Salmos na adoração e na vida cotidiana é de notável continuidade em meio a constantes mudanças. Compostos para os rituais de sacrifício e cânticos do templo, eles sobreviveram à perda daquele mundo transformando a própria adoração. O que antes era cantado diante do altar tornou-se a oração falada da sinagoga e, mais tarde, o cântico da igreja. Cada transição preservou a ideia central dos Salmos: que o louvor, o lamento e a ação de graças não estão vinculados a um único lugar ou tempo, mas ao relacionamento duradouro entre Deus e o povo que invoca o nome divino.

Ao longo dos séculos, os Salmos moldaram o ritmo da devoção comunitária e pessoal. Na tradição judaica, eles estruturavam o ciclo diário de oração e sustentavam a identidade durante o exílio. Na prática cristã, tornaram-se a voz constante da Igreja, recitada nos mosteiros, cantada nos coros paroquiais e sussurrada na solidão. As mesmas palavras que outrora subiam com incenso no templo continuaram a subir em línguas e melodias através dos continentes.

O que confere aos Salmos seu poder duradouro não é apenas sua antiguidade ou arte, mas sua capacidade de reunir a experiência humana em adoração. Eles ensinam que a fé pode falar na alegria e na tristeza, na confiança e no protesto, e que tal discurso é em si um ato de confiança. Sejam proclamados na assembleia ou lembrados em silêncio, os Salmos permanecem como o coração vivo da fé bíblica: palavras antigas que continuam a moldar o som da oração.

Capítulo 6
A Linguagem Viva da Adoração

Os Salmos e a Jornada da Fé

Acompanhar o Livro dos Salmos desde seus primórdios históricos até sua ressonância moderna é traçar uma das trajetórias mais longas e variadas da história cultural humana. A coletânea, que começou como um conjunto de cânticos hebraicos, compostos em cortes, santuários e lares, tornou-se um dos conjuntos de poesia religiosa mais duradouros do mundo. Sobreviveu à destruição de templos, ao colapso de impérios e às mudanças nas linguagens da fé. No entanto, apesar de todas essas mudanças, os Salmos permaneceram reconhecidamente eles mesmos: um ponto de encontro entre a fala divina e a experiência humana. Desde os primeiros estágios do culto israelita, esses poemas expressaram alegria e tristeza, louvor e protesto, ação de graças e necessidade. Eles emergiram de circunstâncias reais de guerra e vitória, colheita e fome, exílio e retorno, mas sua linguagem elevou essas experiências a um registro que transcendeu o momento. Quando gerações posteriores os reuniram na forma que hoje chamamos de Livro dos Salmos, criaram não apenas uma antologia de versos antigos, mas um mapa espiritual: um guia para viver fielmente em meio às flutuações da história. Estudos modernos demonstram que os Salmos nunca foram estáticos. Sua compilação, edição e reinterpretação refletem o dinamismo da fé de Israel. À medida que o poder político declinava e o ritual do templo dava lugar à memória, os Salmos forneciam continuidade: um meio de sustentar a identidade quando as instituições vacilavam. Eles levaram a teologia de Israel a novas formas (oral, escrita, cantada e orada). Dessa forma, os Salmos tornaram-se o que poderíamos chamar de autobiografia espiritual de um povo: registrando angústia e esperança, culpa e perdão, alienação e restauração.

Poesia, Teologia e a Voz Humana

No cerne dos Salmos reside sua poesia. Eles não são tratados doutrinários ou argumentos filosóficos, mas arte elaborada. O paralelismo (o equilíbrio de linhas que ecoam ou intensificam o significado) cria ritmo e tensão. Imagens extraídas de pastoreio, realeza, tempestade e santuário tornam ideias abstratas tangíveis. Por meio de metáforas, Israel falava de Deus não como uma ideia, mas como presença: uma rocha, um refúgio, um pastor, um rei entronizado acima do dilúvio. Esse modo poético tem implicações teológicas. Os Salmos ensinam não por definição, mas por evocação. Eles atraem o adorador à participação: "Provai e vede que o Senhor é bom". Sua verdade é mais relacional do que conceitual, descoberta no diálogo em vez de declaração. Ao se dirigirem diretamente a Deus, eles transformam teologia em oração. Igualmente impressionante é seu alcance emocional. Poucos outros textos da antiguidade são tão francos sobre raiva, medo ou desespero. Lamentos dão voz à sensação de ausência divina; hinos respondem com exultação à presença divina. Entre eles, encontra-se uma teologia da fé profundamente honesta, que pressupõe o relacionamento mesmo quando este se mostra tenso. Nessa tensão entre confiança e protesto reside a genialidade dos Salmos. Eles não resolvem as contradições da vida, mas as expressam em palavras, insistindo que toda emoção humana pode ser apresentada a Deus.

Do Templo ao Texto: A Transformação da Adoração

A evolução dos Salmos reflete as transformações do culto em Israel. No período do Primeiro Templo (c. 960–586 a.C.), eles faziam parte de um sistema sacrificial em que o canto acompanhava as oferendas. Incenso e melodia subiam juntos como o "aroma agradável" que simbolizava a comunhão entre o céu e a terra. Durante a era do Segundo Templo (516 a.C.–70 d.C.), esses rituais continuaram, mas os Salmos também começaram a servir a um novo propósito. À medida que as comunidades se espalhavam para além de Jerusalém, a própria oração tornou-se uma forma paralela de oferenda. A frase do profeta Oseias, "o sacrifício dos lábios", encapsulava essa mudança da devoção física para a verbal. O Livro dos Salmos tornou-se, assim, o templo portátil da fé de Israel. Mesmo quando o templo estava em ruínas, sua liturgia perdurou em palavras. A súplica do Salmo 141 ("Suba a minha oração diante de ti como incenso") captura a continuidade entre sacrifício e súplica. Quando o culto na sinagoga se desenvolveu após o exílio, a recitação salmística forneceu sua espinha dorsal. Os mesmos textos que outrora acompanhavam os rituais agora moldavam a recordação. Quando a igreja primitiva herdou os Salmos, ampliou ainda mais seu alcance. As traduções grega e latina os levaram a novos mundos linguísticos; o canto e a hinologia os tornaram centrais na liturgia cristã. Em todas as épocas, os Salmos demonstraram sua capacidade de adaptação, permanecendo reconhecidamente a mesma poesia antiga, capaz de falar com novas comunidades.

O Som da Comunidade

Os Salmos foram feitos para serem ouvidos. Seu ritmo, repetição e paralelismo se prestam à execução pública. Nos coros dos templos, no canto das sinagogas, na salmodia monástica e no canto congregacional, os Salmos criaram comunidade por meio do som compartilhado. Essa dimensão musical explica muito de sua sobrevivência. Palavras cantadas são mais facilmente lembradas do que palavras faladas; a melodia incorpora a linguagem ao corpo. Dos filhos de Corá aos monges gregorianos e às congregações da Reforma, o ato de cantar os Salmos uniu gerações. Mesmo quando a teologia dividiu igrejas e nações, o canto salmático continuou a unir os crentes em um vocabulário comum de louvor e lamento. A música também transporta os Salmos para além dos limites da fé. Compositores de Palestrina a Bach, de Mendelssohn a Bernstein, reinterpretaram suas cadências em formas que alcançam públicos sagrados e seculares. Seu mundo sonoro, alternadamente lamentoso e exultante, continua a ressoar porque reflete o pulso do sentimento humano.

A Forma do Tempo

Um dos legados mais duradouros dos Salmos é sua capacidade de estruturar o tempo. As orações da manhã e da noite, os sábados e festivais, e as horas monásticas, todos se inspiram na linguagem salmística. Dessa forma, os Salmos santificam o ritmo do dia. O Salmo 63 saúda o amanhecer com o desejo por Deus; o Salmo 4 encerra o dia com a confiança na proteção divina. Rezá-los é habitar o tempo sagrado em um ciclo que reflete a oscilação da vida humana entre trabalho e descanso, ansiedade e paz. Essa função temporal é tanto teológica quanto prática. Expressa a convicção de que o próprio tempo pertence a Deus e que cada dia pode se tornar uma oferenda. Ao incorporar os Salmos ao calendário de oração, tanto o judaísmo quanto o cristianismo encontraram uma maneira de tornar a história habitável, de transformar a passagem das horas na prática da fé.

A Vida Interior

À medida que o culto se expandia do templo para a sinagoga e para a igreja, os Salmos também adentravam o âmbito privado. Memorizados por crianças, recitados por monges e levados pelos fiéis para o exílio, tornaram-se companheiros interiores. Aprender um salmo de cor é inscrever seu ritmo no próprio pensamento e sentimento. Essa internalização conferiu aos Salmos um novo papel como instrumentos de meditação. Escritores medievais falavam de *ruminatio,* a repetição lenta e reflexiva das escrituras. "Mastigar" um salmo era absorver seu significado gradualmente, permitindo que ele moldasse os afetos. Tal meditação transformava texto em oração e memória em presença. No sofrimento e na morte, os Salmos tornaram-se palavras de resistência. Sua honestidade diante do medo e da perda os tornava companheiros adequados para o lamento, enquanto suas garantias de fidelidade divina ofereciam esperança. Seja na voz do enlutado recitando o Salmo 130 ou do crente moribundo recordando o Salmo 23, os Salmos forneceram uma linguagem para limiares, momentos em que a fala comum silencia.

Os Salmos na Imaginação Moderna

O mundo moderno, embora em grande parte distanciado de templos e mosteiros, não abandonou os Salmos. Eles aparecem em salas de concerto e romances, em discursos políticos e diários pessoais. Suas frases entraram para o vocabulário moral das línguas ocidentais: "Das profundezas", "Do vale da sombra", "Meu cálice transborda". Mesmo quando a crença vacila, sua poesia perdura como memória cultural. Intérpretes modernos leram os Salmos através de lentes históricas, literárias e psicológicas. Estudiosos examinam sua formação; poetas redescobrem suas cadências; teólogos lutam com seus retratos da justiça e da violência divinas. Em uma era de fragmentação, a capacidade dos Salmos de conter contradições, de expressar louvor e protesto, fala poderosamente. Eles lembram aos leitores que fé e dúvida, esperança e desespero, não são opostos, mas companheiros na mesma jornada. Teólogos e artistas contemporâneos também se voltaram para os Salmos como recursos para o diálogo. Em encontros inter-religiosos, a recitação compartilhada supera divisões; Em contextos seculares, sua linguagem de lamento e esperança oferece uma gramática para a solidariedade humana. Sua vitalidade contínua reside precisamente nessa abertura: eles não pertencem a uma época ou instituição, mas ao diálogo contínuo entre a humanidade e o sagrado.

Teologia em Movimento

O que, então, os Salmos ensinam? Não uma teologia sistemática, mas dinâmica. Deus não é definido, mas encontrado como criador e juiz, pastor e refúgio, aquele que se esconde e aquele que salva. A humanidade é retratada não como receptora passiva, mas como respondente ativa, chamada a falar, cantar e recordar. Os Salmos revelam uma teologia de relacionamento. Eles pressupõem que a fé envolve emoção, vulnerabilidade e diálogo. Eles dão espaço tanto para a raiva quanto para a adoração, tanto para o silêncio quanto para o canto. Em sua própria diversidade, eles modelam uma teologia que é ampla, uma fé ampla o suficiente para conter a contradição. Sua teologia também é comunitária. O "eu" do salmista raramente é solitário; ele se encontra dentro de um "nós". O lamento pessoal se torna confissão coletiva; a ação de graças individual se torna memória nacional. Por meio desse entrelaçamento de voz e comunidade, os Salmos transformam experiência em identidade compartilhada.

Escritura e Imaginação

A persistência dos Salmos através de culturas e séculos também ilustra a interação entre escritura e imaginação. Como texto sagrado, eles inspiram reverência; como poesia, convidam à reinterpretação. Esse caráter duplo permitiu que fossem infinitamente relidos e recantados.

Comentaristas rabínicos, padres da igreja, reformadores e críticos modernos os abordaram com diferentes questionamentos, mas cada um encontrou neles um espelho para sua época. Suas metáforas se mostraram especialmente férteis. Cada imagem — o pastor, a rocha, o rei, a tempestade — abre novas perspectivas teológicas. Como os Salmos falam por meio de imagens, eles podem ser traduzidos, parafraseados e musicados sem perder a vitalidade. Seu significado se expande por meio da execução. Cada leitura, cada tradução, cada melodia é um ato de renovação, a tentativa de uma nova geração de dizer o que os primeiros cantores disseram: que a vida, em toda a sua complexidade, é vivida diante de Deus.

O Paradoxo Persistente

Talvez a característica mais marcante dos Salmos seja sua natureza paradoxal. Eles são antigos, porém modernos, pessoais, porém comunitários, particulares, porém universais. Surgem de um mundo histórico e linguístico específico, mas sobreviveram a todas as fronteiras que esse mundo impôs. São, ao mesmo tempo, literatura e liturgia, história e oração, teologia e arte. Esse paradoxo explica sua longevidade. Cada era descobre nos Salmos o que mais necessita. Para os exilados da Babilônia, eram canções de perda e esperança. Para os primeiros cristãos, eram profecias cumpridas. Para os monges medievais, eram uma regra de vida; para os reformadores, uma voz para o povo; para os leitores modernos, uma linguagem de honestidade em meio à desorganização. Sua sobrevivência é menos uma questão de preservação do que de recriação contínua.

A Palavra Viva

Falar dos Salmos como "uma linguagem viva de adoração" é reconhecer essa capacidade de renovação. Suas palavras são antigas, mas ganham vida sempre que são lidas, cantadas ou lembradas. Eles não descrevem meramente a fé; eles a encenam. Cada vez que são rezados, o diálogo entre a humanidade e Deus é reaberto. Nesse sentido, os Salmos não são simplesmente um registro de crença, mas um meio de crer. Eles ensinam que a fé não é posse, mas participação, um ritmo de falar e ouvir, lamentar e louvar. Eles nos lembram que a linguagem do sagrado nunca é estática. Como o mundo que descrevem, ela se move, respira e muda, mas permanece enraizada no mesmo desejo: buscar e ser buscada pelo divino. Os instrumentos podem ter mudado, as línguas podem ter se multiplicado e os contextos podem ter mudado, mas a música perdura. O Livro dos Salmos continua a convidar cada geração a adicionar sua própria voz ao coro, a aprender novamente como "cantar um cântico novo ao Senhor".